# 古典文獻研究輯刊

## 三九編

潘美月・杜潔祥 主編

## 第63冊

### 洛陽橋寶卷研究

李姵嬅 著

國家圖書館出版品預行編目資料

洛陽橋寶卷研究／李姵嬅 著 -- 初版 -- 新北市：花木蘭文化
事業有限公司，2024〔民 113〕
目 4+146 面；19×26 公分
（古典文獻研究輯刊 三九編；第 63 冊）
ISBN 978-626-344-983-1（精裝）
1.CST：寶卷 2.CST：研究考訂 3.CST：橋梁
011.08                                              113009899

ISBN-978-626-344-983-1

古典文獻研究輯刊
三九編 第六三冊                    ISBN：978-626-344-983-1

## 洛陽橋寶卷研究

作　　者　李姵嬅
主　　編　潘美月、杜潔祥
總 編 輯　杜潔祥
副總編輯　楊嘉樂
編輯主任　許郁翎
編　　輯　潘玟靜、蔡正宣　美術編輯　陳逸婷
出　　版　花木蘭文化事業有限公司
發 行 人　高小娟
聯絡地址　235 新北市中和區中安街七二號十三樓
　　　　　電話：02-2923-1455／傳真：02-2923-1452
網　　址　http://www.huamulan.tw 信箱 service@huamulans.com
印　　刷　普羅文化出版廣告事業
初　　版　2024 年 9 月
定　　價　三九編 65 冊（精裝）新台幣 175,000 元　版權所有·請勿翻印

# 洛陽橋寶卷研究

李姵嬅　著

作者簡介

李姵嬅，桃園人，國立彰化師範大學國文所畢業，現任國中國文教師。

提　要

　　洛陽橋為中國泉州的一座古橋，在北宋嘉祐四年（1059 年）竣工，是中國重要的跨海大橋，也為當地經濟、交通的支柱。因此，關於洛陽橋的建造過程，在民間衍生出許多傳說，洛陽橋故事更是常被當作創作題材，在小說、戲曲、歌謠、寶卷等，都出現了許多洛陽橋的相關作品。

　　寶卷出現時間約在中國的元末明初，至今已經有了將近八百年的歷史，是現今中國歷史文化當中非常珍貴的一部份。寶卷是一種信仰、傳教、娛樂三位集於一體的民間講唱文學。

　　本論文收集了許多有關洛陽橋的歷史文本、小說、戲曲、歌謠等，並且梳理歷朝歷代有關洛陽橋故事的發展脈絡，對比八本洛陽橋寶卷內容，藉此整理出洛陽橋寶卷的特色，並且更進一步地去分析其中人物的形塑意義、宗教思想等。

　　以洛陽橋故事作為主軸的寶卷多被稱作「洛陽橋寶卷」或是「受生寶卷」，內容是以蔡狀元拯救父親並且建造洛陽橋的故事作為主軸，受到了寶卷文體的影響，「洛陽橋寶卷」已經發展出一條與小說、戲曲等洛陽橋故事截然不同的道路。洛陽橋寶卷透過一種娛樂的方式，向大眾宣揚「行善」以及「虔誠」的重要性，其中有關地獄的描述，除了能夠警惕世人，更有著十足的「勸善」功能。

# 誌　謝

　　終於，我要畢業了！一路上，得到許多人的幫助，可以順利地拿到這張畢業證書，要感謝的人實在好多。首先，我最要感謝的是我的指導教授丘慧瑩老師，當初什麼都不懂得拜託老師替我指導論文，老師爽快答應後，便開始一步一步給予我許多幫助，包容我的不足，細心的教導，甚至還每周抽空帶著我讀論文，惡補我薄弱的學術基礎。當我忙於工作，連自己都懷疑自己能否順利畢業時，給我信心與鼓勵。我很幸運也很開心，能夠成為丘慧瑩老師的學生。

　　謝謝李圓香老師，啟發我在國文領域的興趣，鼓勵我寫作，給我自信。從國中時期的無微不至，到後來教育實習的傾囊相授，每一次，我都倍感溫馨。謝謝我從高中時期到現在的好朋友羅乙棠，雖然遠在澳洲，但我有什麼需要，總是義不容辭。謝謝研究所就讀期間給予我幫助的許多老師，呂光華老師、許麗芳老師、王年双老師、吳明德老師。謝謝大學、研究所的好夥伴們，學習之路有你們的陪伴，讓我走起來更加堅定。也謝謝兩位口試委員李進益教授以及林登順教授的建議與鼓勵，使這篇論文可以更加完整。最後，最重要的就是我的家人，他們是我最大的後盾，總是支持著我的決定，讓我任性的讀了研究所，恣意地做著自己想做的事。

　　寫這本論文的期間，我學到很多，從訂定題目、擬定大綱、找資料、撰寫論文，讓我瞭解腳踏實地的重要性，不馳於空想，不騖於虛聲，而惟以求真的態度做踏實的事情。期許自己未來我也能夠以切實認真的態度，去對待生命中的每一項考驗。

李姵嬅　謹誌於

國立彰化師範大學國文學系（所）

中華民國 111 年 8 月

# 目

# 次

圖目次

# 第一章　緒　論

## 第一節　研究動機與目的

　　《洛陽橋寶卷》中所提到的洛陽橋，是真實存在於世上的一座古橋。「洛陽橋」，又名萬安橋，位於中華人民共和國福建省泉州市的洛陽江入海口處。洛陽橋為一座跨海石橋，同時也是中國境內第一座跨海石橋，有「中國古代四大名橋之一」〔註1〕之譽。

　　相傳洛陽橋始建於北宋皇祐五年（1053年），並由當時的一位泉州人王實所主持建橋，後來經過不斷努力，最終洛陽橋於嘉祐四年（1059年）正式建成，當時由政府派來協助建橋的知府蔡襄在橋旁提筆寫下《萬安橋記》，後世遂把興建洛陽橋的功勞全數諸加在蔡襄身上。更有許多相關的傳說衍生出現，為洛陽橋、蔡襄、周遭人事物，甚至是建橋過程都附上一層神話色彩。

　　洛陽橋故事流傳至今，開始有學者質疑其中故事的歷史真實成分有多少，像是鄭煥章就以〈蔡襄不是洛陽橋的倡建者〉〔註2〕為題，直接提出的史料考辨的新觀點。那麼究竟是從什麼時候開始蔡襄與洛陽橋之間有著密不可分的關係的呢？范純武〈明清以來洛陽橋傳說文本的演變──兼論其與華東地方民間信仰關係〉〔註3〕一文當中，就分別以小說、歌謠、戲曲整理出一整個洛

---

〔註1〕中國四大古橋：潮州廣濟橋、河北趙州橋、泉州洛陽橋、北京盧溝橋。
〔註2〕鄭煥章：〈蔡襄不是洛陽橋的倡建者〉（福建：《福建史志》2015年第4期），頁47～50。
〔註3〕范純武：〈明清以來洛陽橋傳說文本的演變──兼論其與東華地方民間信仰關係〉（台北：《宗教哲學》三十六期，2006年6月），頁61～72。

陽橋故事的派生與衍化。再觀以洛陽橋故事的主題的寶卷卷本，也都是以蔡襄作為原型，而加以書寫。

「寶卷」是一種同時具有宗教信仰與教化娛樂作用的說唱形式文體，又可以稱為「念卷」、「講經」。寶卷當中的洛陽橋故事，《受生寶卷》或者是《洛陽橋寶卷》中以蔡襄為原型的主角蔡狀元（稱「蔡旭」、「蔡項」）的形象塑造，與歷史真實有何不同？又為何會在寶卷這種文體當中有此種形象的描述。

本論文將以「洛陽橋」做為研究開端，探討這座現存於真實世界中的古橋背後所發生的歷史、故事，並佐以其相關歷史資料，如洛陽橋故事中主角蔡狀元的歷史原型人物蔡襄所撰寫的《萬安橋記》、何喬遠的《閩書》以及趙翼的《簷曝雜記》等，分析其中內容，以梳理其與現今廣為流傳的「洛陽橋」故事之間的相關聯性，瞭解為何後來洛陽橋故事會以蔡襄作為故事主角，並分析以「洛陽橋」故事為主軸的小說、戲曲等。

目前洛陽橋故事相關的故事資料，包含小說、戲曲、寶卷等，初步綜觀，洛陽橋故事的脈絡已有了固定的模組形成，皆是以主角為了拯救父母或是行孝道而造洛陽橋，以造福人間。但小說、戲曲以及寶卷之間的洛陽橋故事卻存在著不同的細微之處，本論文就會分別整理出小說、戲曲等的洛陽橋故事，分析其存在的同異之處，並比較八本「洛陽橋寶卷」，進而梳理出相較於小說、戲曲與「洛陽橋寶卷」之間的差異性，並且歸納出「洛陽橋寶卷」的特色以及其藝術價值與目的。

再以寶卷中的洛陽橋故事為本，探討「洛陽橋寶卷」中的各個人物，首先將視角聚集在故事中的「蔡狀元」身上，進一步比較梳理歷史真實中的人物蔡襄的生平事蹟，去探討寶卷中洛陽橋故事人物塑造有何源由與價值，由此出發，進階探討「洛陽橋」故事之中的其他重點人物，例如：夏得海、觀音、蔡家人（蔡父、蔡母、丫鬟等）在寶卷中所擔任的角色任務為何？他們所要傳達的人物形象為何？

「寶卷」是一種可以「同時具有宗教信仰與教化娛樂作用的說唱形式」，在飽含宗教色彩的卷本裡，必定有其欲傳達給社會大眾的宗教思想與觀點。因此本論文的最後一章，就會以「洛陽橋寶卷中的宗教思想傳遞」作為主軸，分析「洛陽橋寶卷」中的各個情節橋段其中所要傳達的宗教思想，以歸納出洛陽橋寶卷所要傳達的核心思想。

## 第二節　研究範圍

本論文主要以歷代的「洛陽橋」故事做為研究主題，包含小說、戲曲、歌謠、歷史文本等，進行其文本故事之應用與分析。

本論文將探究洛陽橋故事文本範疇包含：一、歷史文本——《萬安橋記》：為宋皇祐五年，蔡襄作為宋代時期書法大家，以手書為本刻《萬安橋記》，其碑於現今萬安橋以南。《萬安橋記》全文共 153 字言簡意賅，為現今研究洛陽橋的重要史料。二、歷史文本——《閩書》：此書當中保存了許多福建地方史，為明代何喬遠所撰寫。在《閩書》的第八卷當中的〈方域志〉當中就有書寫到洛陽橋相關的紀錄，並將洛陽橋的建造史給記錄下來。三、趙翼《簷曝雜記》〔註4〕：從趙翼的《簷曝雜記》中就已經出現了許多洛陽橋故事當中常見的故事母題了，為洛陽橋故事發展中重要的文本。四、小說——《閩都別記》〔註5〕：以章回小說形式描寫了福州地區的社會生活，記錄大量的民間傳說，而「洛陽橋」故事出現於第二十一回〈洛陽造橋觀音顯應，鬈髮化蛇臨水降生〉。五、小說——《臨水平妖誌》〔註6〕：成書年代大約在清中葉時期，而「洛陽橋」故事出現在《臨水平妖誌》當中的第一回〈王延彬創造洛陽橋，蔡端明功成歸西域〉與陳靖姑的傳說故事重疊在一起。六、戲曲——〈狀元香〉〔註7〕：此為清乾隆年間的《曲海總目提要》中的曲目，整體「洛陽橋」故事傳說已是相當完備。六、戲曲——《洛陽橋傳奇》：為清代李玉所撰寫的著名戲曲，全本已亡佚，現存殘曲只剩下若干四出而已，但保留了許多洛陽橋故事當中的經典片段劇情。七、歌謠——《蔡狀元造洛陽橋歌》：為清末民初歌謠，作者已經不可考。整首歌謠皆以閩南方言所書寫而成，內容敘述了洛陽橋的興建過程，以七字一句的方言形式寫成。

筆者將以上洛陽橋相關文本做為基礎，研究在洛陽橋寶卷以外的相關故事其中的關聯性，歸納整理出洛陽橋故事的重點故事脈絡。

用小說、戲曲等的洛陽橋故事做為對比，本論文將以八本「洛陽橋寶卷」作為研究的範圍。包含：《中國民間寶卷文獻集成・江蘇無錫卷》中的《洛陽

---

〔註4〕（清）趙翼：《簷曝雜記》（北京：中華書局，1997 年），頁 77～78。

〔註5〕（清）里人何求：《閩都別記》（福州：福建人民出版社，1987 年），頁 128～132。

〔註6〕作者不詳：《臨水平妖誌》（新北：博揚文化事業有限公司，2020 年），頁 25～35。

〔註7〕《曲海總目提要》：（天津：古籍書店，1992 年），頁 1593～1601。

橋寶卷》、《中國民間文獻集成‧民間寶卷》的《洛陽橋寶卷》、《美國哈佛大學哈佛燕京圖書館藏寶卷彙刊》的《新刻洛陽橋寶卷》、《中國‧同里宣卷集》的《洛陽橋》、《中國‧沙上寶卷集》的《蔡狀元造洛陽橋寶卷》、《中國‧河陽寶卷集》的《受生寶卷》、常熟寶卷在乙亥年所抄錄的《受生寶卷》以及惜陰書局所出版的《繪圖洛陽橋寶卷》，並且參考許多學者的寶卷相關研究，從中探究「洛陽橋寶卷」整體呈現出的敘事風格。而且，將探討各類「洛陽橋故事」包含小說、戲曲等，到「洛陽橋寶卷」的情節差異、敘事風格，再以此為基礎，進一步研究這八本「洛陽橋寶卷」內容細節以及所要傳達的文化思想等。

## 第三節　文獻探討

　　洛陽橋是中國極富歷史以及文化的跨海大橋，長久以來世人總喜歡將洛陽橋與宋代文人蔡襄綁在一起，認為蔡襄就是建造洛陽橋的大功臣，已經有許多學者針對此項議題做出討論。鄭煥章就以洛陽橋的相關傳說，進行考察、辨析，並且提出蔡襄並非洛陽橋的倡建者，而是主持續建者。〔註 8〕周晶以洛陽橋的建築本身去研究這座跨海大橋的藝術特點以及於社會之中的價值所在。〔註 9〕李玉昆則透過詩詞、散文、戲曲、諺語、楹聯、書法、繪畫、雕刻的藝術面向，去對洛陽橋進行訪查，統整出洛陽橋的藝術以及真實面貌。〔註 10〕根據現在對於洛陽橋創建者的考辨，可以確認的是一般普羅大眾把興建洛陽橋的功勞全部歸給蔡襄是完全不正確的，洛陽橋的建立並非一朝一夕一人所為，而是由多位主持者長時間累積而來。在李欣嚴的〈海濱鄒魯的區域印記——北宋蔡襄詩歌研究〉〔註 11〕中第二章主要研究蔡襄生平、交遊等記錄裡，就可以發現蔡襄在歷史紀錄當中，其最大成就在於書法、文學方面，建造洛陽橋之事，多是後世人們在口耳相傳後，自行替蔡襄披上光輝，訛傳的可能性較大。

　　近年來關於寶卷的研究，因為現今許多學者逐漸注意到了寶卷的文學價

---

〔註 8〕鄭煥章：〈蔡襄不是洛陽橋的倡建者〉，頁 47～50。

〔註 9〕周晶：〈繁華落盡古橋間——泉州洛陽橋探析〉（福建：藝苑雜誌，2011 年，2 月），頁 79～81。

〔註 10〕李玉昆：〈泉州橋文化〉（福建：華僑大學學報【哲學社會科學版】，1998 年），頁 98～103。

〔註 11〕李欣嚴：〈海濱鄒魯的區域印記——北宋蔡襄詩歌研究〉（台灣：國立中央大學中國文學研究所，2010 年）。

值，而開始進行研究，現在許多的寶卷研究，其概況、發展以及未來展望，大致可以分成六個部分：一、寶卷基本知識研究；二、寶卷文獻的編目、整理和研究；三、各地的寶卷調查與研究；四、宗教學方面的研究；五、音樂學方面的研究；六、文學方面的研究。〔註12〕

　　在鄭振鐸的《中國俗文學史》〔註13〕就指出寶卷為變文的嫡派子孫。從此諸多學者便開始對於寶卷的淵源、形成、發展，還有文學形式、講唱儀式等進行研究。曾子良在《寶卷之研究》〔註14〕就針對諸多寶卷研究，進行全盤的研究以及整理，包含寶卷的形式、體制、流變、價值等。而車錫倫則在《中國寶卷的發展、分類及其社會文化功能》〔註15〕中，提出一個與鄭振鐸截然不同的看法，其提出了寶卷的淵源是可以追溯到唐代的佛教俗講。

　　寶卷歷經多代歷史的興盛、衰敗，到如今又重新被重視，大量的文本出現，讓寶卷文獻的整理以及編目開始被發展，現今關於寶卷編目的整理，最具代表性的為車錫倫花費了近二十年的時間，登入了國內外公有私藏等一千五百八十五種、版本五千餘種的《中國寶卷總目》〔註16〕，後來俄國學者在《中國寶卷總目》的基礎上，為《中國寶卷總目》增添了〈台北國家圖書館所藏寶卷——車錫倫《中國寶卷總目》遺補〉，讓整個寶卷編目更加完整。近年來，各地方也開始整理具有地方特色的寶卷文獻編目，如《中國‧同里宣卷集》、《中國‧沙上寶卷集》、《中國‧河陽寶卷集》。

　　寶卷屬於一種民間講唱文學，配合著宣卷儀式，在不同的區域流傳就會發展出各個地方寶卷的特色，因此許多學者都會開始進入到地方進行田野調查，討論不同地區的寶卷特色，這一類的寶卷研究會著重在地方特色、宣卷儀式、卷本語言等。

　　目前並沒有專門進行洛陽橋寶卷的研究，但范純武的〈明清以來洛陽橋傳說文本的演變——兼論其與東華地方民間信仰關係〉〔註17〕以歷史為脈絡，談

---

〔註12〕林秀嬪：〈姻緣故事寶卷研究〉（台灣：國立臺灣大學中國文學研究所，2011年）。

〔註13〕鄭振鐸：《中國俗文學史》（長沙：商務印書館，1938年）。

〔註14〕曾子良：《寶卷之研究》（台灣：國立政治大學中國文學所，1975年）。

〔註15〕車錫倫：《中國文學的多層面探討國際學術會議論文集》（台北：國立台灣大學中文系，1996年）。

〔註16〕車錫倫：《中國寶卷總目》（台北：中研院文哲所，1998年）。

〔註17〕范純武：〈明清以來洛陽橋傳說文本的演變——兼論其與東華地方民間信仰關係〉，頁61～72。

及許多洛陽橋的文本，再從這些洛陽橋傳說文本去找尋洛陽橋發展的歷史脈絡，提出洛陽橋傳說是環繞著建築工程而興起的，且傳說有著迴響的效用，各種說法會不斷地交雜而且互相影響，就如同歷代洛陽橋故事，也是透過故事不斷地層累堆積，才會有現今完備的洛陽橋傳說故事，而這些故事的發展，必定與地區的發展有關，經濟、社會、文化、信仰都會是影響故事的原因。相反的各地域的信仰，也是會造成一個地區故事文本出現變化。以上研究，雖有提及各種不同的文類與洛陽橋故事的關聯，但對於洛陽橋故事文本的分析較為缺乏，看不到歷代洛陽橋文本與洛陽橋寶卷之間的脈絡進展或是情節差異。因此，本論文將借重〈明清以來洛陽橋傳說文本的演變──兼論其與東華地方民間信仰關係〉的基礎，細究其文本內容，以利比較、分析洛陽橋寶卷，進一步探究卷本所呈現的信仰思想。

## 第四節　研究方法與架構

首先對所收集到的洛陽橋文本，包含歷史文獻、小說、戲曲、寶卷等，進行初步的閱讀，並且探究關於洛陽橋的相關研究，進行劇情單元分析，然後加以歸類，由此看出各種洛陽橋故事文本的特性。由此，爬梳洛陽橋寶卷的特色，探究其中所要傳遞的中心意義，以及社會意涵。

本篇論文的架構如下：

第一章緒論主要說明研究動機與目的，說明研究範圍與方法，以及前人研究情形。

第二章，整理出歷史上洛陽橋的修建記錄史並且針對常做為洛陽橋故事主角的蔡襄，進行人物考究，整理出蔡襄為何常被作為洛陽橋故事當中的蔡狀元角色原型。接著逐一對《萬安橋記》、《閩書》、《簷曝雜記》、《閩都別記》、《臨水平妖誌》、《狀元香》、《洛陽橋傳奇》以及《蔡狀元造洛陽橋歌》進行文本探討，以研究洛陽橋故事如何從無到有，從簡單到完備的過程，並將洛陽橋故事的故事母題以及大致結構給歸納整理出來。

第三章，以洛陽橋寶卷作為主軸，探究八本選自不同寶卷集的洛陽橋寶卷的特色、劇情脈絡以及相較其本身與其他寶卷卷本的差異，就可以統整出洛陽橋寶卷的基礎架構，並且相較於第二章洛陽橋的小說、戲曲等文類的不同之處，整理出洛陽橋寶卷的獨有情節、思想。

　　第四章，以第三章對於洛陽橋寶卷的基本研究做為基礎，細究洛陽橋寶卷之中幾位重要角色的形象，並且探討此人物形塑所代表的背後意涵以及所表現出的藝術形象。

　　第五章，寶卷具有濃厚的社會教化、信仰宣揚的作用，因此在第五章節，本論文會擷取洛陽橋中的片段內容，探究其中所傳達的思想與特色。

　　第六章結論，說明研究成果與檢討，了解洛陽橋寶卷的敘事特色、思想內容及其文本藝術。

# 第二章　洛陽橋故事之探討

　　泉州洛陽橋，原名「萬安橋」，為中國境內現存年代最古老的跨海式石橋，洛陽橋由巨大石塊砌成。全橋一千二百米、寬五米，共有四十七個橋孔、四十六座橋墩，橋梁兩側有扶欄，計五百餘個〔註1〕。歷史悠久的洛陽橋，已是泉州市著名的名勝古蹟，成為第一批省級文物，現今更是升級成為中國官方國家一級文物〔註2〕，成橋以來為地方帶來繁華，也因為作為交通樞紐，海上大橋，長久以來遭受風吹雨淋、潮水浪擊、人車載重，洛陽橋在歷朝歷代以來，經歷了不勝枚舉的修建，如今所見的洛陽橋已經非當初北宋初建成時之面貌。在劉浩然的《洛陽萬安橋誌》當中即紀錄了完整的洛陽橋風景的概貌：

> 一石，一方，一閣，二鎮風，四介土，五井，六朝，七亭，八景，九塔，十三進橋院，二十八獸，四十六敦，八十一菩薩，三百六十丈，五百欄杆。〔註3〕

洛陽江的萬安石橋，始建於北宋皇祐五年，歷經了六年八個月於嘉祐四年落成，其製成橋梁方法特異，工程更是十分浩大，且在完工後，「洛陽橋」更是成為來往南北交通的重要樞紐。「洛陽橋」位於現今中國泉州鯉城區北郊二十里處的洛陽江，此一地點在舊時常有水患，每年夏秋之際便常有颱風肆虐，每年更是常有乘船隻小舟在橫渡洛陽江時沉落，因此，現今大眾所熟知的「洛陽橋」更有「萬安橋」之稱，以祈求船隻往返平安順利，也是因為洛陽江水勢凶

---

〔註1〕周晶：〈繁華落盡古橋間──泉州洛陽橋探析〉，頁80。
〔註2〕洛陽橋在1988年被列為全國重點文物保護單位。2009年，洛陽橋入圍「海上絲綢之路」申遺點。
〔註3〕劉浩然：《洛陽萬安橋誌》（香港：華星出版社，1993年，2月），頁33。

險，在清道光《晉江縣志》中的〈泊宅篇〉中提到：「泉州萬安橋，水闊五里，上流接大溪，外即海也。每風潮交作，數日不可渡。」〔註4〕，因此在當時對於興建洛陽橋有著迫切的需求。

北宋間，中國晉江縣與惠安縣，以洛陽江為此二縣的分界線，後嘉祐四年洛陽江萬安橋落成，兩縣互通往來，泉州做為當時通商港口，其地位日益重要，經濟地位逐漸繁華蒼盛。如此的蓬勃發展，也促使諸多傳說、故事伴隨而來。在范純武〈明清以來洛陽橋傳說文本的演變——兼論其與東華地方民間信仰關係〉中就有將因「洛陽橋」而衍生出來的相關故事做出說明與整理介紹〔註5〕，其中相關的傳說、故事，在經歷歷朝歷代的各種創作傳誦，其之間的差異性更是表現出了自我特色，而這些傳說、故事的多變性，亦可以展現出歷代人民對於這座「洛陽橋」的崇敬與重視之心。

已知洛陽橋寶卷中的「洛陽橋」，並非虛擬，而是真實存在於現今中國泉州鯉城區。因此，不只在民間故事、戲曲、寶卷、詩文，在許多歷史文獻之中，也記載了許多關於「洛陽橋」的相關資料。更值得一提的是，在現在所流傳的「洛陽橋」相關故事之中，其中最廣為流傳、為人熟知的「蔡狀元許願造橋」，其中主角蔡狀元的形塑，也並非憑空杜撰，而是以北宋著名文學家蔡襄作為原型，所發展而來的故事角色。

因此，本章節會先針對現今所記載有關「洛陽橋」的歷史資料，做出整理分析，梳理出「洛陽橋」相關的歷史事實，以了解洛陽橋的建構與發展。接續著，筆者會將現所流傳的不同文本類型的洛陽橋故事，包含《簷曝雜記》、《閩都別記》、《臨水平妖誌》、《曲海總目提要》等文本進行研究分析，整理每則故事當中的脈絡，並探索其中關連性，並在最後分析出「洛陽橋故事」當中各個不同的故事母題，以利與後續篇章的「洛陽橋寶卷」做出對比與分析。

---

〔註4〕 （清）周學曾：清道光《晉江縣志》（中國：福建人民出版社，1990年1月），卷75。

〔註5〕 「關於洛陽橋相關的記載，屢見至宋代以來歷代文人筆記、地方至亦多有言及……泉州洛陽橋相關傳說氤蘊的時間相當久遠，粗略地就各種文獻資料來看，該橋建成雖久，但在傳說層累形成的過程裡，卻是相當緩慢。其傳說的完備，應該大抵不會早於明代中期。洛陽橋傳說經過不斷派生與衍化，其內容愈趨複雜而完整，並以戲曲、小說（如《閩都別記》）和寶卷（如《受生寶卷》、《洛陽橋寶卷》）等不同文本和傳播形式流傳，成為閩南、閩北、江蘇、台灣和海外等地所流佈區域內民間社會與文化傳統的共同記憶。」范純武：〈明清以來洛陽橋傳說文本的演變——兼論其與東華地方民間信仰關係〉，頁61。

# 第一節　「洛陽橋」相關歷史文獻

現大眾所熟知的「洛陽橋」，事實上此橋墩名稱應是「萬安橋」。「萬安橋」坐落在泉州所屬的原晉江縣（金泉州省鯉城區）與惠安縣交界處且橫跨整條洛陽江，因此「洛陽橋」的名稱也被廣為流傳開來。（以下提及此橋墩時統一稱為「洛陽橋」）

中國至晉朝以來，泉州在中國的經濟地位、文化產值逐漸發達蓬勃，至北宋時期，儼然已經成為當朝最為重要的港口之一，「洛陽橋」北通江浙，南至漳廣，一是當時海上絲綢之路的起點。當時未有洛陽橋的洛陽江，江水遼闊、深不見底，而且又是入海之處。前文有提及，當時的洛陽江，每遇強風暴雨，立即江水暴漲，不單癱瘓四周交通，更是經常發生船舟之難，因此當時造橋的需求迫在眉睫。

## 一、洛陽江萬安橋興建史

北宋太平興國間，中國晉江縣與惠安縣，即以洛陽江為兩縣分界線，兩縣經濟文化、交通運輸產業發達，當時水運行業時常受天候限制，已經無法應付日益蓬勃的交通運輸之業的急切需求，因此跨江造橋的計畫於宋朝開始了。

### （一）北宋慶曆初郡人李寵「甃石建造浮橋」〔註6〕

根據清顧祖禹在《讀史方輿紀要》載要：「洛陽橋，府東北二十里，跨洛陽江上，一名萬安橋。舊為萬安渡，頗為險。宋慶曆初（西元1040～1048年），郡人陳寵始甃石作沉（浮）橋。」〔註7〕《名勝志》當中也有相關記載，提到李寵以甃石為洛陽江做沉橋。因此，雖然李寵只有在洛陽江上建造沉橋，卻也是在洛陽江開始興建橋墩的第一人，也是後來為洛陽橋工程投下第一塊基石的建橋人。

「李寵」在《讀史方輿紀要》中被記錄為「陳寵」，在其餘的《名勝志》、《泉州府志》的著作之中，皆被稱作「李寵」。本論文之中，亦稱其「李寵」〔註8〕。

---

〔註6〕「浮橋」：又稱舟橋，最早見於中國周朝，是一種簡易橋樑，通過聯結可浮於水上的物體以臨時解決兩岸上交通問題，常見於軍事用途。先將小船舟用繩子綁起來串聯，再用木板平鋪於上，便於兩岸通行，為後來樑橋的雛形。

〔註7〕（清）顧祖禹：《讀史方輿紀要》（中國：中華書局，2019年9月），卷99。

〔註8〕劉浩然：《洛陽萬安橋誌》，頁22。

## （二）北宋皇祐五年郡人王實興建萬安石橋

北宋皇祐五年（1053 年）四月，大約在李寵做甃石沉橋的十年之後，一位名不見經傳的普通郡人——王實，見洛陽江水勢甚大、水流湍急，當時由慶曆年間李寵所建的甃石沉橋實在難以解決當時所急需解決的南北水運的交通問題，於是王實開始提倡要在洛陽江上興建石橋，即為現今大眾所見的洛陽萬安橋的基礎架構，代表這一位不見經傳的郡人王實，實際上為興造洛陽橋的第一人。

## （三）北宋嘉祐年間續建洛陽萬安橋

宋皇祐五年（1053 年）四月，王實等人發起建洛陽石橋，建橋地址落在洛陽江的出海口，而當時的洛陽江在方勺的《泊宅篇》中，形容為「水闊五里，深不可址」且「每有風潮交作」，因此王實等人歷經三年的時間努力仍無法建成，直到至和三年（1056 年）和嘉祐三年（1058 年）蔡襄兩次擔任泉州知府時繼續主持建造，洛陽萬安橋才終於在嘉祐四年十二月（1060 年 2 月）完工，造橋總共歷經前後六年又八個月。

在清顧祖禹在《讀史方輿紀要》同時也記錄到：「皇祐五年，郡人王實等人又倡為石橋，為就，會蔡襄守郡，慨然成之。」〔註9〕而其中所提到的「蔡襄」即是現今諸多洛陽橋故事當中主角蔡狀元的原型。

蔡襄，字君漠，興化均仙游（今福建仙游縣）人，生於宋真宗大中祥符五年（1012 年），卒於宋英宗治平四年（1067 年），享年五十六歲。在《宋史·蔡襄傳》曾記錄他「舉進士」，而《泉州市志·蔡襄傳》也記載蔡襄「十五歲參加鄉試，十八歲遊京師，入國子監深造。天聖八年登進士第十名。」〔註10〕後有紀錄，蔡襄曾任漳洲軍事判官，西京留守推官，改著作佐郎閣校勘。治平二年（1065 年）以端明殿學士謫守杭州知府，故人稱「蔡端明」治平四年（1067 年）八月病卒於莆田新居家中，贈吏部侍郎。宋孝宗淳熙三年（1176 年），賜謚號忠惠。〔註11〕

蔡襄曾任兩次泉州知府，並在任內完成了洛陽橋的工程。根據劉浩然的《洛

〔註9〕（清）顧祖禹：《讀史方輿紀要》，卷 99。

〔註10〕泉州市地方誌編纂委員會：《泉州市志·蔡襄傳》（北京：中國社會科學出版社，2000 年），頁 3714。

〔註11〕李欣嚴：《海濱鄒魯的區域印記——北宋蔡襄詩歌研究》（台灣：國立中央大學中國文學研究所，2011 年）。

陽萬安橋誌》〔註12〕中的紀錄，蔡襄首次擔任泉州知府，在至和三年二月初七開始上任，時間上來看，蔡襄是在洛陽橋開工後三年到了泉州，但閏三月便受詔轉任福州知府，也就是六月的時候便離開了泉州。因此，蔡襄首次擔任泉州知府的時間僅僅只有五個月而已。蔡襄第二次擔任泉州知府是在嘉祐三年，據記載蔡襄是在七月初一上任。洛陽橋完工時間是在嘉祐四年十二月，而洛陽橋前後總共花了六年又八個月，以時間上看，蔡襄第二次上任到洛陽萬安橋完工，僅參與十八個月的工程。加總蔡襄前後兩次擔任泉州知府的時間只有一年又十一個月的時間，還不到整個興造洛陽橋工程的四分之一。由此可知，洛陽橋建成的功勞並非蔡襄一人所為，但其功勳卻是不可抹滅，《橋樑史話》中評價到：「（蔡襄）他的功績，主要不在於史書、傳說中所稱道的施工技術難題的解決，而是順應了當時海外貿易迅速發展的趨勢，利用了為泉州的地方長官的權威，支持、推動了洛陽橋的建造。」〔註13〕且身為宋代書法四大家之一的蔡襄，在洛陽橋完工之時，還親自撰寫的《萬安橋記》，並鐫刻為碑，至今仍是洛陽萬安橋的著名景點之一，且位於洛陽橋南還設有「蔡忠惠公祠」〔註14〕，至北宋建造以來，歷經千百年，屢有人重建修葺，況且洛陽橋南其實還有其他建築，如「萬安橋院」、「蔡善繼祠」、「與慶堂」等，只是至今僅剩蔡惠忠祠保存完好，可見蔡襄在大眾心中占有重要地位。因此，蔡襄雖然並不如諸多傳說、民間故事所言是洛陽橋建造的主要領導人，但其對於洛陽橋的貢獻仍是不可抹滅的存在。

### （四）明代宣德年間蔡錫重修洛陽橋

北宋嘉祐四年十二月，「洛陽萬安橋」竣工，作為中國晉江縣與惠安縣的分界線與重要交通樞紐，洛陽橋使用量大，遭受風吹日曬、海水侵蝕，所以在李寵、王實、蔡襄等人的努力後，歷代還是有許多洛陽橋重修的紀錄存在。在諸多修葺者當中，明代宣德年間的泉州知府蔡錫，尤為特別。

目前所流傳下來有關蔡錫的故事，更是深深地影響著後世洛陽橋的相關故事與傳說。《泉州府志》中提及，蔡錫，字廷予，鄞縣人。明代永樂年間舉人，並於宣德年間擔任泉州知府，且主持重建洛陽江萬安橋一事。

---

〔註12〕劉浩然：《洛陽萬安橋誌》，頁 24。

〔註13〕毛以升：《橋樑史話》（上海：科學技術出版社，1979 年），頁 125。

〔註14〕劉浩然：《洛陽萬安橋誌》：「正殿中央，原有蔡忠惠公雕像，今另塑泥像。右手高舉毛筆，岸上鋪開紙張，作舉筆揮題狀。造型瀟脫端肅，頗有一代文士、名宦風姿。」，頁 81。

相傳在宣德年間，洛陽江萬安橋又有傾圮，泉州知府蔡錫主持修復。在蔡錫巡視萬安橋時，見傾圮舊石之處，上刻有「石催頹，蔡再來」六字。蔡錫當下隨即認為，自己擔任泉州知府為上天授意，為的是讓自己整修當時極富重要性的洛陽橋，因此當下立刻倡議整修整建洛陽橋。只是當時洛陽江海水甚深，波濤洶湧，想要修建橋墩實屬不易，必須在退潮之時於海底打下根基。

> 蔡知府乃移書海神，遣卒投之。卒攜書至江濱，醉臥海石之上，及
> 至酒醒，審視檄書，上面有一「醋」字在焉。遂持歸稟告蔡知府，
> 蔡公曰：「酉月廿一日是奠基址期也。」乃應材以待，至期潮果不漲，
> 橋之基址乃造，未兀橋遂築成，郡人德之，建祠祀焉！〔註15〕

蔡錫獻檄文於海神之事，在明《列卿傳》當中亦可見得。此一情節，由現今視角來看，或有荒唐，但值得注意的是，造橋者書檄文呈交給海龍王，得「醋」字回應，最後成功建橋的情節，存在後來許多洛陽橋相關故事之中，可知這位明代的泉州知府蔡錫，也是後來諸多傳奇、故事當中的重要素材。其重要之處，或能與前文當中所提到的「蔡襄」並稱，在後來的很多洛陽橋故事，都可以見到「蔡襄」與「蔡錫」兩人的影子，融入在洛陽橋故事當中的主角之中。

在洛陽橋北，建有一「蔡錫祠」，為了感念泉州知府蔡錫重修洛陽橋而立，不過現已年久荒廢，已找不到祀宇古蹟。

## （一）洛陽橋歷代修建資料

洛陽橋在嘉祐四年（1059 年）完工，風吹雨淋，時有毀損，因此時常需要費工維修，在歷朝歷代的努力下，洛陽橋的規模日益壯大，才有時至今日的規模。在劉浩然所撰寫的《洛陽萬安橋誌》當中就詳細的記載著從宋代開始到近現代 1973 年的修建紀錄，但由於元朝之時，許多文獻資料已經失佚，且沒有石碑篆刻紀文存留，因此洛陽橋在元朝的修建資料便不得而知了。洛陽橋歷代的修建資料如下：

**表1：劉浩然《洛陽萬安橋誌》宋紹興年至近代洛陽橋興修紀錄**〔註16〕

| 朝代 | 次 | 主修者 | 職稱 | 修建情況 | 修建年代 | 與上次相距 | 備註 |
|------|-----|--------|------|----------|----------|-----------|------|
| 宋代 | 1 | 趙思誠 | 郡守 | 一般重修 | 紹興八年 1138 | 約 78 年 | 一般記載 |
| | 2 | 張堅 | 郡守 | 一般重修 | 淳熙二年 1175 | 約 37 年 | 一般記載 |

〔註15〕劉浩然：《洛陽萬安橋誌》，頁 57。
〔註16〕劉浩然：《洛陽萬安橋誌》，頁 67～69。

| | | | | | | |
|---|---|---|---|---|---|---|
| | 3 | 言思魯 | 郡守 | 一般重修 | 淳熙十六年 1189 | 約 15 年 | 一般記載 |
| | 4 | 劉煒叔 | 郡守 | 一般重修 | 嘉熙二年 1238 | 約 50 年 | 一般記載 |
| | 5 | 汪應援 | 郡守 | 一般重修 | 淳祐十二年 1252 | 約 14 年 | 一般記載 |
| 元代 | | 缺 | | | | | |
| 明代 | 1 | 胡器 | 知府 | 一般重修 | 永樂間（1403～1424） | 約百餘年 | 一般記載 |
| | 2 | 李俊育<br>正淳 | 郡人<br>僧人 | 增高三尺 | 宣德六年（1437～1434） | 約 180 年 | 碑記 |
| | 3 | 蔡錫 | 郡守 | 累址重修 | 宣德間（1426～1435） | | 一般記載 |
| | 4 | 劉靖謝琛 | 郡守 | 一般重修 | 景泰四年（1453） | 約 20 年 | 一般記載 |
| | 5 | 徐源 | 郡守 | 橋南築閘 | 成化間 | | 一般記載 |
| | 6 | 王仕俊 | 郡守 | 一般重修 | 嘉靖五年（1526） | 約 70 年 | 一般記載 |
| | 7 | 方克 | 郡守 | 一般重修 | 嘉靖廿年（1550） | 約 20 年 | 碑記 |
| | 8 | 万慶 | 郡守 | 一般重修 | 景泰四年（1453） | 約 20 年 | 一般記述 |
| | 9 | 姜志礼 | 郡守 | 大規模重建 | 萬曆卅五年（1607） | 約 40 年 | 碑記 |
| 清代 | 1 | 劉麟長<br>黃公澍 | 大學士<br>副使 | 重修幾坎 | 清順治七年（1650） | 約 43 年 | 一般記載 |
| | 2 | 姚啟聖<br>万正色 | 總督<br>提督 | 一般重修 | 康熙廿二年（1684） | 約 34 年 | 碑記 |
| | 3 | 錢濟世 | 惠邑令 | 一般重修 | 康熙卅八年（1709） | 約 27 年 | 一般記載 |
| | 4 | 王之琦 | 晉邑令 | 一般重修 | 雍正八年（1730） | 48 年 | 一般記述 |
| | 5 | 鄒應龍 | 惠邑令 | 一般重修 | 乾隆十七年（1752） | 22 年 | 碑記 |
| | 6 | 懷陰布<br>嘉漠 | 郡守<br>署知府 | 一般重修 | 乾隆廿六年（1762） | 10 年 | 碑記 |
| | 7 | 姚棻 | 總督 | 一般重修 | 乾隆六十年（1795） | 32 年 | 碑記 |
| | 8 | 沈汝瀚 | 郡守 | 一般重修 | 道光廿三年（1842） | 48 年 | 碑記 |
| | 9 | 李慶霖 | 郡守 | 一般重修 | 同治元年（1862） | 20 年 | 碑記 |
| 民國 | 1 | 蔡廷鍇 | 軍長 | 改築橋面 | 民國廿二年（1933） | 29 年 | 碑記 |
| | 2 | 林騷等 | 進士 | 修木板橋面 | 民國卅四年（1945） | 11 年 | 碑記 |
| 共和國 | 1 | 人民政府 | | 新築橋及閘 | 公元 1973 年 10 月 | 28 年 | |

## 二、歷史文獻中「洛陽橋」紀錄

「洛陽橋」始建於北宋皇祐五年（1053 年），落成於嘉祐六年（1059 年）工程浩大，造橋技術更是特別〔註17〕，而且帶動了當地的交通與經濟繁榮。至今歷經千餘年的歷史，依舊歷久不衰，因此，在諸多歷史文獻中，就有許多提及洛陽橋的相關紀錄，如歷代文人筆記、地方誌等。本節將逐一整理，探究洛陽橋的真實歷史，以利之後章節對比與洛陽橋故事的差異性。

### （一）蔡襄《萬安橋記》

前文有提過北宋嘉祐四年（1059 年）在蔡襄擔任泉州知府的時候洛陽橋竣工。蔡襄親筆撰寫了《萬安橋記》，並且鐫刻成碑文，蔡襄本身為北宋書法

〔註17〕〈繁華落盡古橋間──泉州洛陽橋探析〉:「二、泉州洛陽橋的藝術特點──（一）結構特點：洛陽橋……整座橋全部用巨大石塊砌成。橋長 1200 米、寬 5 米，共有 47 個橋孔、46 座橋墩；橋兩邊有扶欄，共 500 多個；橋上還有 28 隻石獅、7 座石亭、9 座石塔。橋墩為船型，兩端砌為尖狀。兩墩之間鋪花崗石樑 7 根，每根石樑長 11 米、寬 0.6 米、厚 0.9 米……（二）建築特點 1.新型橋基──筏型基礎：建造洛陽橋時，先在江底沿橋梁撲滿大石塊，形成一條橫跨江底的矮石堤，以此作為橋墩的基址。這條石堤估計長 500 米、寬 25 米、高 3 米。然後，在矮石堤上用條石橫直交錯地砌築橋墩。這種橋基地開創，是建橋史上的重大突破，現在稱之為『筏型基礎』。2.雙尖橋墩：洛陽橋的橋墩是雙尖墩，即兩端砌成三角形分水尖，兩頭尖，中間大，有如船型。在江海之間，不管是潮漲潮落，以雙尖墩迎水，可經受住上游的江流和下游的海潮的交互沖擊。橋墩最上排的交接處，刻有凹形的榫，其上至生鐵以連結排石。橋墩兩端，中部燒向外彎，最上面的兩層條石則向左右挑出，始墩面加寬，以減少樑石板的跨度。3.開創浮運架樑的紀錄：架橋的工人用木排把石塊運到橋墩跟前，借用漲潮的浮力，把重達七八頓的石樑架設到橋墩上。洛陽橋上的 300 多塊石板和上萬塊石料，都是採用這種方法架上去的，一根接一根，直至把橋建成。因此，洛陽橋也開創了浮運架的紀錄。直到今天，浮運架仍是建造現代橋樑的好方法。4.種蠣固基法的研發：為了使橋基或橋墩的石塊連成一體，不能沿用以前用腰鐵或鑄鐵水來連結的方法，因為鑄鐵件很快會被海水腐蝕，而是在石堤附近的海面上散置牡蠣。所謂牡蠣，即是海底生長的一種有貝殼的軟體動物。他有兩個殼，一個殼附在岩礁上或者另一個牡蠣上，互相交結在一起，另一個殼則蓋著自己的軟體。牡蠣繁殖能力很強，而且無孔不入，一旦跟岩石膠成一片後，用鐵鏈也鏈不下來。工匠們界是利用牡蠣的這個特性，在橋基上種牡蠣。果然。沒出幾年，牡蠣附生在岩礁或別的牡蠣殼上，把鬆動、散置的石塊、條石膠聚成了一體。實踐證明，這是一種別開生面、行之有效的方法。洛陽橋基歷時 900 餘年而不垮、不散，牡蠣功勞不小。為此，禁止在洛陽橋附近捕捉牡蠣就成了歷代沿用的一條法律。這種故橋的發訪是世界上第一個把生物學運用於橋樑工程的創舉。5 巨型橋板：洛陽橋是通過因地制宜地開採沿江巨岩，鑿成長 10 米左右、寬 0.7 米、後 0.6 米、重約 10 多頓的巨形橋板，然後架成的長 1200 米的樑式石橋。」

名家，因此蔡襄所著的《萬安橋記》，其「文」、「書」、「鐫」被稱為「三絕」，為洛陽橋增添了不少風采，此石刻碑記位於洛陽橋南邊的蔡忠惠祠內的中庭，蔡忠惠的雕像前方的左右兩側，至今仍是泉州洛陽橋的著名地標。此《萬安橋記》石碑高 295 公分，碑座高 68 公分，寬 210 公分，厚 68 公分，並且分為上下兩碑，石碑上的《萬安橋記》全文一百五十三個字。

《萬安橋記》

（上碑）

泉州萬安渡石橋，使造於皇祐五年四月庚寅，以嘉祐四年十二月辛未訖工。累址于淵，釃水四十七道，梁空以行，其長三千六百尺，廣丈有五尺，翼以扶欄，如其長之數而兩之，靡金錢一千四百萬，求

（下碑）

諸施者。渡實支海，去舟而徒，易危而安，民莫不利。職其事盧錫、王實、許忠，浮圖義波、宗善等之。明年秋，蒙　召還京，道緣是出，因紀所做，勒于岸左。

世間多史料，偏向將興建洛陽橋的功勞歸功給北宋的蔡襄，但從蔡襄所撰寫的《萬安橋記》可知，蔡襄並未將建橋的功勞全部攬在自己的身上，而是明確地將歷代主持過建橋的主持者給列舉了出來，一點也不自詡其功並且提到了建造洛陽橋的時間、所花費的銀錢、指出洛陽橋當時的出現解決了許多當地水患的問題，還有將洛陽橋最初始的樣貌給記錄下來，全文字數不多，但訊息量卻很完整，能夠非常真實地呈現出洛陽橋的歷史真實性。

## （二）何喬遠《閩書》

《閩書》〔註18〕是一本福建現存最早也最為完整的省志。《閩書》一書當中保存了許多福建地方史以及當地相關的政治、經濟、軍事、文化等諸多方面的珍貴史料。《閩書》為明代何喬遠〔註19〕所撰寫，內容記錄從萬曆二十三年至萬曆四十七年的泉州地方史。泉州港在宋元時期是中國境內十分有名、蓬勃的海港，更有「海上絲綢之路的起點」，至今留下了許多豐富的歷史遺跡。何

〔註18〕（明）何喬遠：《閩書》第一冊（福建：人民出版社，1994 年，6 月）。

〔註19〕何喬遠（西元 1557～1631 年），字稚孝，號匪莪，人稱鏡山先生，福建晉江人。萬曆十四年中進士，歷官刑部主事、禮部郎中、光祿寺少卿、太僕寺少卿、左通政、太僕卿、南京工部右侍郎。何畢生勤於著述，編寫三部大書——《閩書》、《名山藏》、《皇明文徵》。

喬遠為泉州當地人，所著作的《閩書》當中詳細的紀錄了泉州當地的史事，全書內容分為了二十二志。

在《閩書》的第八卷當中的〈方域志〉當中就有書寫到洛陽橋相關的紀錄：「是江有洛陽橋，名萬安橋，蔡忠惠襄所造。橋心有洲，洲上有關門，晉、惠二邑，界此江也。」〔註20〕由此可見，在《閩書》中，就將建造洛陽橋的功勞歸給北宋的蔡襄。但是《閩書》一書當中，也有將蔡襄所撰寫的《萬安橋記》完整的收錄其中。

《閩書》與《萬安橋記》的紀錄中最大的差別在於《閩書》當中寫道：「於是好事者，競傳橋異，謂橋未興時，深不可址，忠惠為檄，使隸投之海，若而告之。隸嘆息曰：『茫茫遠海，何所投檄？』買酒劇醉，臥小艇上，起視則檄以換，第書一『醋』字。忠惠公曰：『神示我矣。當廿一日酉時，潮退可址也。』」此一「醉吏投海呈交檄文」的故事，更是成為後來諸多洛陽橋相關故事的一大重要母題。但在記錄明代萬曆二十三年至萬曆四十七年的泉州地方史《閩書》之中，僅是簡略的有著故事脈絡，這位「醉吏」甚至沒有姓名，蔡襄為何遣其投書的過程也未提及，檄文是如何傳達給海神亦未可知。由此可知，在《閩書》寫成的明代，洛陽橋就已經有了不少傳說故事存在了，但內容說到「競傳橋異，謂橋未興時……」可知何喬遠撰寫《閩書》時，也並未將此一故事視為事實，而是以口說故事的型態定位此事。

因此，在《閩書》當中僅記錄著簡略的洛陽造橋史，並且將當時泉州地方所流傳的傳說故事給記錄下來。

## （三）趙翼《簷曝雜記》

《簷曝雜記》〔註21〕為清趙翼〔註22〕所著，此書並非一時之作，而是作者趙翼終其一生的零散筆記文字。全書分為六卷，卷一與卷二，紀錄了趙翼在京城為官時候的經歷與見聞，主要記述了朝廷政事以及官僚文化，包含科舉考試、軍務政事、社會風貌等。卷五、卷六則為趙翼的讀書筆記。而卷三、卷四為趙翼出仕於廣西、雲南、廣東、貴州期間的所見所聞，記載諸多地區的氣候水土、風光勝景、特產珍奇、文化習俗，甚至還有從廣東沿海地區同西方國家

---

〔註20〕（明）何喬遠：《閩書》第一冊，頁181。

〔註21〕（清）趙翼：《簷曝雜記》（北京：中華書局，1997年）。

〔註22〕趙翼，生於雍正五年，卒於嘉慶十九年，年八十八。為清中期著名的史學家、文學家，著作豐富。

的貿易往來紀錄。「洛陽橋」一篇就是被收錄在《簷曝雜記》卷四之中。其內容記錄到：

> 少時見優人演蔡忠惠修洛陽橋，有醉隸入海投文之事，以為荒誕。及閱明史，則鄞人蔡錫守泉州時事也。余至泉州，過此橋，果壯麗。橋之南有忠惠祠，手書碑記猶在。旁有夏將軍廟，即傳奇所謂醉隸夏得海也。橋名萬安而曰洛陽者，其地有洛陽社，此水亦名洛陽江也。……而《堅瓠集》、《名山記》皆亦以為忠惠事。又云：其母先渡此江，遇風，舟將覆，聞空中有生呼「蔡學士在」，風遂止。同舟數十人問姓名。公母方有娠，心竊喜，發誓願，如有符神言，當造橋以濟行者。後攻守泉而母夫人尚在，遂奉母命成之。而附會者又謂呂洞賓遭劫時，避於公爐內得免，乃謝以筆墨。公造橋時，以之書符檄，故能達海神云。其說不經。而府志兩存之，究未知其為襄與錫也。〔註23〕

趙翼的《簷曝雜記》卷三、卷四，為趙翼剛剛結束為期十七年的京城生活，從清乾隆三十一年（1766年）至乾隆五十二年（1987年）出任各個地方官以及遊歷社會之紀錄。因此，由此趙翼的文學筆記當中可以得知，此時流傳的洛陽橋相關故事當中，除了有《閩書》提到的「醉吏投海呈檄文」一事，對於洛陽橋的建造契機，更有了「蔡狀元為母還願造橋」一說。

《簷曝雜記》當中趙翼提出「今按忠會手書碑記一百五十二字，但誌其長三百六十餘丈、廣丈五尺，洞四十有七，用錢一千四百萬有奇，而其他不及焉。使其奉母命，且有海神相之，則安得不誌親惠而著神庥？」的疑問。因此，可以推論，當時儘管有關洛陽橋相關故事，包含「醉吏投海檄文」、「蔡狀元為母還願造橋」等事，雖存在諸多疑點，卻還是十分廣為流傳。可知，在當時與洛陽橋有關的傳說，不論是在文人的筆記還是小說裡，大抵都離不開趙翼在《簷曝雜記》之中所提到的幾個故事基本母題。〔註24〕

## 第二節　「洛陽橋」故事相關文本分析

「洛陽橋」有著「海內第一橋」的美稱，並在歷史上佔有一席地位，促進

---

〔註23〕（清）趙翼：《簷曝雜記》，頁77。
〔註24〕范純武：〈明清以來洛陽橋傳說文本的演變——堅論其與華東地方民間信仰的關係〉，頁62。

當地交通經濟發展，如今更是被列為國家一級保護文物，成為當地著名景點。洛陽橋除了有著超凡的建築技術之外，洛陽橋也因為當時重要的地位，連帶興起了許多傳說故事。有關洛陽橋相關的記錄，常出現在宋代洛陽橋建造以來諸多的文人筆記、地方志、建築史等，可知洛陽橋的出現，不僅是在中國橋墩興建史上留下精彩的一筆，同時也帶動了文化層面的發展。

目前，坊間可以找到諸多洛陽橋的相關故事，包含戲曲、小說等，以不同的文本或是形式廣泛流傳，且諸多文本內包含了許多神異鬼怪類的情節，為泉州洛陽橋興建過程更增添了一層神祕之感。本章節將整理現今所流傳下來的洛陽橋故事文本，並做出一系列的整理與剖析。

## 一、小說《閩都別記》

《閩都別記》〔註 25〕為清代里人何求所著作，成書時間約落於清乾嘉時期，全書分成上中下三卷，共四百零一回，一百二十餘萬字。以章回小說的形式，敘述了福州地區的社會生活，內容包含了大量的民間傳說、歷史故事、地方掌故、風俗習慣、名勝古蹟、俚語俗諺、方言土語等，擁有非常大量的珍貴史料，並且較為詳細的描繪福州地區的社會生活，將許多福州的地名（如：錢塘巷、鴨姆洲、銀鑲浦）都賦予神話傳說的解釋與由來，讓《閩都別記》在傳統中雜揉進一絲奇幻色彩。

《閩都別記》並非專門著述洛陽橋相關故事的專書，而是將大量的地方故事作為串連，並將其故事與故事的頭尾部分連結，合成為一部章回小說。在《閩都別記》當中，以陳靖姑的神話，貫穿了全書。陳靖姑又稱臨水夫人，為福建地方的重要女神信仰之一。陳靖姑為重要的生育神祇同時也兼具著降妖伏魔的武藝特質。而在《閩都別記》當中所收錄的洛陽橋故事的段落，其內容就與陳靖姑故事有著密不可分的關係。

洛陽橋相關故事收錄在《閩都別記》第二十一回〈洛陽造橋觀音顯應　鬢髮化蛇臨水降生〉〔註 26〕。其中洛陽橋故事年代設定在大唐僖宗年間，福州閩王王審知在擔任泉州刺史，洛陽江渡船屢翻，行旅艱難，因此下令興造洛陽橋，起見不久，卻遇上了王審知兄長王潮逝世，因此王審知回福州擔任觀察使，連帶著整個洛陽橋興建工程停擺。後由王審知次子王延鈞繼承建橋之

〔註 25〕（清）里人何求：《閩都別記》（福州：福建人民出版社，1987 年）。
〔註 26〕（清）里人何求：《閩都別記》，頁 128～132。

事，無奈王延鈞耽於酒色之間，建橋不利，因此委託當地巡檢宋忠為洛陽橋承造官。洛陽橋興建工程困難，所費不貲，官庫不足，宋忠又受王延鈞所迫，命令宋忠不得停工，否則就將其問斬。宋忠愁眉不展，水米不進，夙夜祈求觀音菩薩相助。觀音被其感動，乃化作一絕世美女，立小船上並表示「聞爺造橋無銀，特至江心捨身相助，叫往來王孫公子，不論賢愚，任其金銀拋擲，有擲著他身上，情願配他為妻為妾。所有擲空之銀，以助老爺造橋。」因此吸引大量先前不願捐獻宋忠造橋的八大姓弟子擲金銀，只是無論這些王公貴族如何努力投擲，皆未能成功擲中美人，後有一賣菜小販王小二摻雜人群之中暗暗投銀，觀音化身的美人，已知自己化身美女招親之事，被呂洞賓知曉，觀音為了不讓呂洞賓前來搗亂，遂使王小二擲中了自己頭部，小二正喜欲得美人之時，乎有大風，小船翻掀，美人沉入江底，見此王小二氣極，遂投江而死。呂洞賓後將鬢髮擲入江中，化作一白蛇，而小二死後陰魂不散，觀音令金甲神引其轉世為劉勛，並許配一女朱氏，了卻擲中之緣。劉勛後攜家至古田縣擔任儒學，遇一長者陳昌，其妻葛氏在喝水岩觀音前祈禱，遂得一女，取名「陳靖姑」。

　　因得觀音相助，洛陽橋後得以落成，閩王審知明白宋忠功勞，欲將其調升嘉獎，可宋江已看破紅塵名利，削髮出家。《閩都別記》中的洛陽橋興建者為宋忠，但在小說中，也把歷史中常與洛陽橋名字連在一起的蔡襄與蔡錫給寫了進去。〔註27〕

　　　　至百四十年後，宋仁宗慶曆年間，橋圮，蔡狀元裏後行修造。乃後
　　　　又隔三百餘年，至明宣宗宣德年間，泉州太守蔡錫因橋圮，再行修
　　　　造。橋圮時，有食客露出，云：「石頭若開，蔡公再來。」
而關於蔡錫如何修建洛陽橋，《閩都別記》也採用了「醉吏投海呈交檄文」一說，並稱此說法「乃實事也」。可見《閩都別記》當中充滿了神話色彩。

　　《閩都別記》將洛陽橋的造橋年代由宋朝改至唐朝，而最初的興建者訂為唐朝官員王審知，這與前一節本文所探討的洛陽橋興建史有著很大的出入。而在劇情方面，開始融入了「觀音相助」、「呂洞賓作亂」、「醉吏投海呈檄文」等情節，並且安排在此一小說中的真正造橋主事者宋忠，沒有因此平步青雲、升官發財，而是感念觀音襄助，看破紅塵，削髮出家。

---

〔註27〕（清）里人何求：《閩都別記》，頁 132。

## 二、小說《臨水平妖誌》

　　《臨水平妖誌》〔註28〕題目當中的「臨水」二字，所指的就是臨水女神——陳靖姑，因此，可以得知《臨水平妖誌》這篇小說與《閩都別記》相同，一樣是以「陳靖姑」為主軸所串連而成的一部小說，全書共十七回。

　　臨水夫人陳靖姑是華南地區著名的婦孺保護神，也是福建最有影響力的陸上女神。陳靖姑生前是閭山派女道士，有德於民，歿後被奉為神靈，以其能護佑孕婦、順產保胎聞名。而現今存世有三部創作於明清時期與陳靖姑信仰、民俗關係密切的通俗文學作品，分別是約於明萬曆時期編撰，清乾隆十八年文元堂重刊的《海遊記》；清嘉慶二十四年日新堂刊印的福州評話《臨水平妖傳》；清宣統三年會文堂石印的《臨水平妖誌》。

　　《臨水平妖誌》雖然是以陳靖姑作為主題，但其中也有融入洛陽橋建造故事。《臨水平妖誌》當中的第一回即是〈王延彬創造洛陽橋　蔡端明功成歸西域〉背景設定在唐代，寫當時的洛陽江因為北極玄天上帝成佛化身時自剖腸肚，腸肚被擲入江中後，立即變成龜蛇二怪，江水從此不平靜，閩王二子王延彬欲幫助眾人，因此督造洛陽橋的建造，觀音大士感念王延彬有此善心，便前來相助，同樣是化作美女立彩船之上讓眾人投擲金銀情節，呂洞賓作亂，王小二投擲中觀音卻不得美人，憤而投江身亡。情節與《閩都別記》大抵相同，僅有細微的差別，例如在《閩都別記》中的王延彬不學無術、貪好美色將造橋指派給手下宋忠，而《臨水平妖誌》中，王延彬的形象則十分忠良努力造橋、造福百姓，甚至感動了觀音而受到其幫助。還有投擲中觀音的小二在《閩都別記》中未有姓名，而在《臨水平妖誌》則為其訂定了一個綽號「韮菜」。

　　在《臨水平妖誌》中洛陽橋在王延彬督造下竣工，但還有後話，經過三百餘年的宋代，洛陽橋多有損毀，且將中作亂的龜蛇二怪仍舊殘害生靈。一日賣花婦翁氏渡江時，二怪欲害之，隨即空中傳來「今有蔡狀元在船不可害人」之聲，而當時船上並無蔡姓之人，為此妊娠的翁氏隨即立誓「吾懷中若能生男兒，後果中狀元。吾自當重造洛陽橋。」後翁氏果真但下一子，並取名「蔡襄」。蔡襄高中狀元後，隨即完成母願欲重修洛陽橋，重修之路艱辛，因此在《臨水平妖誌》中同樣有「醉吏投海呈交檄文」的劇情出現，而此小說與《閩都別記》最大的差別則是「蔡襄」的結局安排

〔註28〕佚名：《臨水平妖誌》，頁 25～30。

即橋中，突見一神從空而下，面帶崢嶸，其形十分可怕。大喝曰：
「吾乃天上九龍星。」蔡刺史答曰：「吾乃地下刺史蔡端明。」時天
兵從橋頭而進。蔡刺史由橋尾而下，行未幾步。蔡刺史心思：「九龍
星形容甚然奇異。」正欲回頭觀看，早被天兵神沖犯跌倒在地，不
省人事。面紫目赤，四肢厥冷。眾人役看見，即用簥招回衙中。一
命早已嗚呼。欽哉，蔡端明為造洛陽橋，家財費盡又兼一命斷送，
實可惜哉。〔註29〕

建造洛陽橋屬於造福百姓、功德無限之事，但特別的是，在《臨水平妖誌》之
中，不但未對初造洛陽橋的王延彬的結局作出交代，甚至安排重修橋墩的蔡襄
以悲劇收場。

## 三、戲曲《曲海總目提要》──《狀元香》

　　《曲海總目提要》〔註30〕為古典戲曲論著，內容收錄了七百餘個中國古
典戲曲劇目。此書著作時間約落於清代中葉時期，但戲曲內容、文字風格已經
十分淺顯白話。這些戲曲作品作者有些已不可考，其內容多來自《樂府考略》
和《傳奇匯考》這兩本清康熙末年先後編成的兩種戲曲目錄。《樂府考略》、《傳
奇匯考》的作者已不詳。而此兩書內容、體例基本相同，現均無完整本傳存。
清代中葉，王國維、陳毅、董康各得部分殘本。董康〔註31〕即採用《樂府考
略》、《傳奇匯考》的原文，按作品產生年代先後，分別卷帙，編成《曲海總目
提要》。

　　洛陽橋故事在《曲海總目提要》中被稱作《狀元香》〔註32〕，收錄在卷三
十六。主角為蔡襄。故事開頭即說明，蔡襄母親張氏因虔誠誦普門大士，每一
千遍便以信香一瓣記之，後滿十萬次遂得一狀元子，即為蔡襄。

　　《狀元香》內容為蔡襄長大成人後，奉蔡母張氏之命入京應試。一日，張
氏以及蔡襄之妻吳氏再乘船渡江時，遇到惡霸太尉刀氏之子，其垂涎蔡妻吳氏
之美色，吳氏寧死不屈，遂投洛陽江自盡，但幸虧龍王已經提前得到大士通知
而救下落水的吳氏，吳氏才得以平安無事的在龍宮住下。此《狀元香》中亦有
蔡母妊娠期間搭船遇難獲救，遂發願造橋助人的情節（請參考本章第二小節

---

〔註29〕佚名：《臨水平妖誌》，頁30。
〔註30〕黃文暘：《曲海總目提要》（天津：古籍書店，1992年）。
〔註31〕董康：生於1867年卒於1947年，字授經，號誦芬室主人，江蘇武進人。
〔註32〕黃文暘：《曲海總目提要》，頁1593～1601。

《簪曝雜記》），蔡襄入京應試高中狀元後便請奏建造洛陽橋，洛陽橋搭建過程同屬不易，其中幾次蔡襄還遭受太尉陷害，還好得包拯調查幫助下，洗刷冤屈，持續搭建洛陽橋。由於洛陽江水湍流急，造橋不易，《狀元香》也有「襄遂作檄文入海，醉吏夏得海承之」的劇情，不過與之前《閩書》、《簪曝雜記》不同的是，《狀元香》中寫道「巡海水見其文，取入宮，龍王他出，公主故襄妻也，知其夫欲建橋，矯龍王命停潮三日，密附小禮候姑及夫。得海醒，見文已換。遂繳於襄，襄大喜。及見妻書，知尚未死。」的劇情，後還有建橋之時，觀音化身成絕世美女襄助，還有呂洞賓顯神通擲金著其身等情節。最後《狀元香》安排在洛陽橋竣工時，蔡襄設醮於龍王廟，蔡妻歸來，蔡襄晉官成為工部尚書，其妻母也得已加封的大團圓結局。

洛陽橋故事發展至《狀元香》，整體而言，故事結構已經十分完備，也十分注重細節，除了幾個常見的故事母題，還出現嫉惡如仇、正氣凜然的包拯出現，為主角洗刷冤屈，而且劇中出現人物，也更加多元，不只加入公正無私包拯、作惡多端的刀太尉，連蔡襄的母親已及妻子也都擁有了屬於自己的姓氏。

## 四、戲曲《四美記》

《曲海總目提要》〔註33〕第十七卷紀錄：《四美記》為「明初舊本，不知誰做」。在《中國戲曲史論》也曾提到過關於《四美記》的著作年代：「《四美記》確是明初無名氏的南戲，早在萬曆元年出版的《青陽時調詞林一枝》及《八能奏錦》中（均標明「萬曆新歲刊本」），就分別選有《洛陽記》的《興宗過關》及《邀女回家》兩折，即是《四美記》第三十二齣《訴情》及十一齣《邀回》。可見它最遲也是萬曆以前的作品…」〔註34〕現今《四美記》被編入了《古本戲曲叢刊》中的第二集。

《四美記》中主角為蔡襄，內容主要敘述蔡氏一門「孝、節、義」的事蹟，作品名稱「四美」抑是由此而得，「四美」分別是：「蔡業宗（蔡襄父）忠懸日月；王玉貞（蔡襄母）節勁冰霜；吳自戒（蔡襄父之友）義重交遊；蔡端明（蔡襄）孝能竭力。」在當時成為十分受歡迎的曲目，但在清李玉的《洛陽橋傳奇》問世後就逐漸被取代了。

---

〔註33〕中國社會科學院文學研究所古本戲曲叢刊編輯委員員會：《古本戲曲叢刊》（上海：上海古籍出版社，1986年）。

〔註34〕吳新雷：《中國戲曲史論》（南京：江蘇教育出版社，1996年），頁158。

## 五、戲曲《洛陽橋傳奇》

　　《洛陽橋傳奇》為清代李玉〔註35〕所撰寫，但具體創作時間已經不可考，且《洛陽橋傳奇》全本已亡佚，現存殘曲只剩下若干四出〈神議〉、〈戲女〉及一段未命名者與〈下海投文〉而已。

　　如今現存的《洛陽橋傳奇》四出，皆屬於清升平署崑曲唱本，其中主角為「蔡祥」。吳本的〈神議〉由【石榴花】【賞花時】【玉環清江引】【煞尾】四支曲組成。內容寫蔡祥為造福百姓欲造洛陽橋之事被玉皇大帝知道，因此指派南海觀音前來幫助。觀音就告知蔡祥，龍王將會在「酉年酉月酉日酉時」退潮，屆時洛陽橋便可起造，但洛陽江兩岸並無泥土，建造不易，觀音為此化身成一位異域美女，以招親名義引誘眾人拋擲金銀，金銀多至可以聚成洲島，讓洛陽橋得以順利建造。

　　吳本〈戲女〉則有【引】【粉蝶兒】【縷縷金】【前腔】【北紅繡鞋】【迎仙客】【十二月】【石榴花】【上小樓】等曲所組成。〈戲女〉延續了上一出〈神議〉的劇情，述說當呂洞賓得知南海觀音化作一美女招親，便也化身成為一書生「呂岩」預備前往戲弄觀音一番。呂洞賓到時便作法數並將金銀打到了南海觀音身上，南海觀音自知被呂洞賓識破其中奧妙，便划船離去。此出戲便在一眾達官公子嘆氣失望中落幕。

　　《洛陽橋傳奇》僅存的段落中，其中一出連名字也佚失了，程本有收錄了其中【新水令】【步步嬌】【折桂令】【江兒水】【繞繞令】【沽美酒】【清江引】七支曲。寫觸犯天條而被革去仙籍逃難至閩水的豬婆龍女，一日發現洛陽江的渡口被金銀堵住了出入口，便不顧豬婆龍的反對，命令手下兵卒將金銀搬進了洞中，不料卻被黃魚將軍發現，雙方發生爭執，觀音趕到平息紛爭，怒斥豬婆龍女不知悔改將其帶走，並囑咐龍王守護蔡祥造橋。

　　〈下海投文〉則有【引】【混江龍】【駐雲飛】三支曲，內容寫蔡祥因洛陽江水勢浩大無法在兩岸安放橋墩，因此寫了一封檄文給龍王，但無法找到可以「下得海」之人，此時一名叫「夏得海」的人以為蔡祥是在找自己前往龍王廟將檄文燒去即可，便欣然應允，想不到必須前往龍宮，因此喝得爛醉在海邊睡去，蔡祥檄文被巡邏海鬼發現帶回龍宮，龍王應允留一「醋」字，蔡祥看後便知龍王之意是同意在二十一日酉時退潮。

〔註35〕李玉：字玄玉，一作元玉，明朝蘇州府吳縣人，生於明神宗萬曆十九年（1591年）卒於清聖祖康熙十年（1671）年後。明末清初的戲曲作家。

《洛陽橋傳奇》全本已經失散，無法得知全本戲劇內容，但以現今殘存的四出段落來看，內容與諸多流傳的洛陽橋故事母題相去不遠，如「觀音化身美女襄助」、「醉吏投海呈交檄文」等，但關於主角蔡祥的敘述，因為文本散佚，便不可得之了。

## 六、歌謠《蔡端造洛陽橋歌》

《蔡端造洛陽橋歌》〔註36〕為清末民初在閩南一帶所流傳的歌謠，確切的刊印年代已不可考，作者也散佚不可而知。故事內容就是以當時流傳民間的洛陽橋傳說為故事核心，整首歌謠皆以閩南方言所書寫而成，內容敘述了洛陽橋的興建過程，而相較其他文本不同的是此歌謠一開頭就安排王延彬出場，但相較《閩都別記》中王延彬花天酒地與《臨水平妖誌》中，為初始造橋者的形象不同，在《蔡端造洛陽橋歌》中王延彬為龜精與蛇怪所變，從唐代以來就不斷地擾亂民間，到了宋代，一日賣花的翁氏妊娠時渡江，遇龜精蛇怪作亂，天空傳來一聲「姓蔡狀元船內帶」遂風平浪靜，大夥皆認為蔡家的翁氏腹中之子定是上天所說的「蔡狀元」便贈予翁氏許多金銀，讓翁氏好好地栽培孩子，這也讓翁氏暗自許諾，發願將來若真誕下一狀元子，必定興造洛陽橋造福社會。果不其然，翁氏後來生下一子，取名蔡襄字端明。蔡端明長大後，果真高中了狀元，為完成母親當初的諾言，便請奏自請成為刺史，並開始造橋工程。此一文本中同樣也有提到由於造橋工程困難，因此派醉吏——「夏得海」投海呈檄文的情節，洛陽橋才得以順利竣工。而《蔡端造洛陽橋歌》的結局安排與《臨水平妖誌》一般，在洛陽橋的落成典禮上，天上的九龍星降至凡間，衝撞了蔡襄，蔡襄便一命嗚呼，同樣以悲劇收場。

《蔡端造洛陽橋歌》整首歌謠皆以七言一句寫成。內容更是增添了許多細節的設定，如蔡父開始有了名字——「蔡福」，蔡母為「翁氏」，還有關於蔡襄出生時的情節：

> 因厝蔡福識八字，就塊看日甲排時，花婆腹內非常痛，蔡福走入狂
> 崩崩。申時出世狀元命，這拵那生乞食兄，囝仔暫暫卜出世，蔡福
> 菜刀夯一枝。對伊房內一直比，汝着忍耐到申時，腹肚痛甲真艱苦，
> 一時囝仔生落土。

還有蔡襄成長過程以及人物的正直、良善、有智慧的形象塑造，甚至在面對皇

---

〔註36〕佚名：《蔡端造洛陽橋歌》（竹林印書局，刊印年份不詳）。

帝時也不被錢財名利給吸引，只求成為刺史以利造橋。

> 號名蔡襄字端明，聰明伶俐兼正經，知影後來有路用，盡心教督塊
> 牽成。大漢送入書房去，骨力認真讀詩書，亦是一位兮才子，歸腹
> 肚內全詩詞。後來狀元中了後，想卜祭祖返因兜，做表入朝就去奏，
> 皇帝對伊來逗留。想着早年兮代志，太老有恰伊通知，那中狀元返
> 鄉里，着來造橋無延遲。皇帝留卜在朝內，乎我未得通主裁，門塊
> 斟酌塊想覓，忽然想了計智來。提蜜寫字上界對，蛾蟻會織歸大堆，
> 皇帝看了就開嘴，謝恩我好通離開。

又或者是關於夏得海如何喝得酩酊大醉，將醉隸的模樣以及行為細細的描寫
出來。

> 得海听了卜閣問，大人做伊煞退堂，食甲只號衙內飯，不如班頭咱
> 太當。頭先看銀心歡喜，只滿治塊心驚疑，歸腹無塊通透氣，返去
> 因厝開聲啼。因某問伊為省代，按盞延路哭返來，省事我兮罩排
> 解，汝着講出乎我知。得海實話一直講，官話咱都袂省通，耳空听
> 錯成冤枉，叫我提批乎龍王。不免啼哭喘大愧，做汝心肝皆放開，
> 大人命令不通違，吉人自有人改為。得海听了亦看破，按算下死無
> 想活，燒酒塔去四兩外，菜買一汗大武拖。賞金五兩買空空，拵辨
> 卜食醉忙忙，倒下海埔恰允凍，水來即袂知西東。醉醉戇戇袂塔
> 呪。

而在這本以閩南語講唱的《蔡端造洛陽橋歌》之中，龍王同樣是派遣小足前往
海岸時，見到了醉倒的夏得海，帶回蔡狀元所撰寫的檄文，並且批示上了「醋」
字。

> 不知省字寫治靪，折開看覓是醋字，大人心中塊猜疑，將字折開即
> 明理。二十一日門酉時，廿一酉時水卜退，發落四處塔告白，逐項
> 準備朗好世。

可以知道，洛陽橋的故事不管在任何一個地域，已經有了一些常見的情節設定
了。但是《蔡端造洛陽橋歌》的結局卻安排，蔡狀元在成功洛陽橋的落成典禮
上一命嗚呼。

> 一个天神沖落來，叱聲天頂九龍星，伊應凡間蔡端明，狀元心內有
> 決定。卜看天神省面形，天神天兵門沖到，狀元跌落土腳兜，有人
> 驚甲扒塊走。無人敢閣再越頭，跌落土腳扒袂起，歸身硬硬冷支支，

有个瓦來罩準備。用轎就來扛伊，眾人有个來罩扛，赶緊扛入伊
衙門，逐个看扛身屍返。

《蔡端造洛陽橋歌》的劇情安排與《臨水平妖誌》一般，以悲劇收場。

# 第三節 「洛陽橋」常見故事母題

洛陽橋在竣工以來，歷朝歷代經過多次的翻修擴建，才有今日規模。就算
到了今日洛陽橋的規模還是令人驚嘆，也因此洛陽橋背後所衍生出現的傳說，
就更為豐富多元了，有些故事元素已經和洛陽橋緊扣不可分，在不斷的廣泛流
傳，這些故事母題幾乎已經是家喻戶曉。本論文所分析的洛陽橋文本故事包含
蔡襄《萬安橋記》、何喬遠《閩書》、趙翼《簷曝雜記》、里人何求《閩都別記》、
《臨水平妖記》、《狀元香》、《四美記》、《洛陽橋傳奇》、《蔡端造洛陽橋歌》，
其中包含歷史文本、文人筆記、小說、戲曲、歌謠等，這些洛陽橋的傳說故事
之中，常有一些大同小異的故事母題。

這些傳說故事，除了與洛陽橋緊密的相連在一起之外，也反映出歷朝歷代
人民對於洛陽橋的獨特意義以及對於洛陽橋的崇高敬意與想像。這些傳說故
事，從一開始的簡單架構到後來有著曲折離奇的情節，從單純的歷史人物記錄
到性格顏色鮮明的人物塑造，這些故事讓洛陽橋更充滿絢麗的浪漫主義色彩。
而這許多記錄著洛陽橋傳說的故事，發展到後來逐漸成為許多相似的情節架
構。

在洛陽橋故事當中常見的故事母題包含「蔡狀元為母還願造橋」「觀音相
助」、「呂洞賓作亂」、「醉吏投海呈交檄文」等情節。此小節統整洛陽橋相關的
多個文本，整理出洛陽橋常見故事母題，以利之後章節與「洛陽橋寶卷」做出
對比分析。

## 一、蔡狀元為母還願造橋

在一系列的洛陽橋故事之中，「蔡狀元為母還願造橋」是十分基礎的母題。
最常出現的版本內容大致在敘述，洛陽江水勢甚大，十分湍急，兩岸之間又無
陸橋往來，因此，搭乘船隻往返成為唯一途徑，過程凶險常有憾事發生。一日，
蔡母妊娠，乘舟渡江，橫越之時，江水波濤洶湧。此時天上就會傳來一聲音，
內容多表「蔡狀元在船上，不得無理」頓時江水平靜，無風無雨，然而舟上並
無蔡姓船客，此時，懷有身孕的蔡母，就會暗自許願，將來若是腹中子真成為

狀元，必定造陸橋以謝神明與造福鄉梓。此一情節分別在《簷鋪雜記》、《臨水平妖誌》、《狀元香》、《四美記》、《洛陽橋傳奇》以及《蔡端造洛陽橋歌》中都有出現過。情節大同小異，並無太多出入。從這一故事母題當中，可以得知以下訊息：

## （一）造橋契機

現今所有有關洛陽橋的研究，都可以得到一確認訊息，即古時洛陽江水流湍急，兩岸往返不易，在蔡襄所著的《萬安橋記》就明確地說道：「渡實支海，去舟而徒，易危而安，民莫不利。」因此，造橋之事實則迫於民生需求，而在諸多的洛陽橋故事當中，則在此一基礎事實上，再增添了帶有神話性與親情的元素，讓整個洛陽橋的興建過程，不單只有政策、經濟等較為現實面的因素，而讓整體故事更加有情感意義與溫度。

## （二）造橋者神格化

洛陽江被設定為一處凶險的江水，在《臨水平妖誌》甚至直接設定江水之中有蛇妖龜怪在其中做妖，兇惡異常，而且造成往返船隻諸多傷亡，而就在蔡母即將遇害時，一聲「蔡狀元在此」隨即讓水怪不敢輕舉妄動。此處所提到的威嚇之聲，其實並未細寫到是由何位神祇所發出來的，但此一設定卻可以讓洛陽橋建造者的身分大大不同，無異於天下神祇下凡拯救蒼生一般，由此可見，在洛陽橋故事當中，造橋者的地位被大幅的提升了，設定蔡狀元帶天命，極為與眾不同。同時，從造橋者的命格、身分被提高，神格化的設定可知道，當時洛陽橋在人民心目中的具有重要地位。

前文已針對洛陽橋的建造者有了詳細的分析，有提到目前許多的傳說、劇本、故事都把建造洛陽橋的功勞歸功給蔡襄。而在許多文本之中，無論主角是否定名為「蔡襄」，其主角的原型都是依循著撰寫《萬安橋記》的蔡襄。歷史上的蔡襄不過就一凡人，根據《泉州市府》中記載，蔡襄雖在天聖八年時中過進士，但僅是第十名的成績，並非狀元。〔註37〕此一設定，無非又一次將蔡襄的地位提昇。

在《閩都別記》與《臨水平妖誌》當中，洛陽橋的最初建造者都不是蔡襄，而是定為唐代的閩王王審知之次子王延鈞，但在故事後期卻還是會安排蔡襄出現重修洛陽橋，由此可知，「蔡襄」與「洛陽橋」之間已是緊密相連，還有

---

〔註37〕泉州市地方誌編纂委員會：《泉州市志・蔡襄傳》，頁3714。

「蔡襄」若干年後重修洛陽橋的設定，已經與歷史上明朝宣德年間泉州知府蔡錫（第一章第一節之四）的故事重疊在一起了，而蔡錫本身於故事之中已無篇幅，直接與蔡襄二者合為一了。推測因為在許多歷史文本之中，甚至蔡襄的《萬安橋記》中，都有明確的紀錄，建造洛陽橋的功績並非屬於蔡襄，因此才有類似《閩都別記》與《臨水平妖誌》的設定，在建橋初期未見蔡襄，卻在之後重修橋墩時刻，讓蔡狀元具有舉足輕重、不容忽視的地位與重要性。

## 二、觀音相助造橋

在洛陽橋故事中，常會有觀音大士前來幫助蔡狀元造橋的情節。內容寫道：蔡狀元發願造橋，無奈工程浩大且江水嚴峻，整個造橋過程並不順利，而且費用入不敷出，讓造橋計畫停擺。觀音大士感念其善心因此前來相助籌措經費，接著多是安排觀音化身成為一位絕世美女，立於小船之上，並許言若是誰能以金銀擲中自己就嫁與其做為妻子，以姿色吸引大眾前來丟擲金銀，讓洛陽橋得以繼續建造。這種觀音化身美女的情節在《閩都別記》、《臨水平妖記》、《狀元香》、《四美記》、《洛陽橋傳奇》之中都可以見到。表達了善有善報的概念，當泉州刺史發願造福世人，遇到瓶頸，此善心常能感動神祇，如洛陽橋故事中建造洛陽橋為善事，也就促使了觀音大士前來相助，可見諸如此類的觀音情節常具有「勸善」的意謂。

當觀音化身美人，幫助籌措造橋資金之時，常還會安排「呂洞賓」前來搗亂，想要藉機使觀音大士出醜。大致是在說觀音化身美人讓人投擲，允諾若是被金銀扔中即許婚與之，當一眾凡人投擲金銀，觀音就以法力讓金銀無法接近自己，此時呂洞賓就會化身老人夾雜在人群之中，並以法力讓群眾當中一人投擲中觀音，有時暗中出手，讓觀音大士措手不及，有時也會安排觀音已知呂洞賓早已看穿自己身分，不願被呂洞賓羞辱，因此故意讓自己被一凡人的金銀丟中，又或者是呂洞賓將金銀碎成細粉，灑往江中，自然讓觀音無所遁形。被擲中的觀音，已經位列神祇自然無法婚配，因此在諸多洛陽橋故事之中，觀音化身的美女就會被安排沉入江水之中，使眾人嘆息。

此故事情節，與佛道教民間故事當中的「呂洞賓水面戲觀音」極為雷同。道教之中有八位神仙，分別代表男女老幼、貧賤富貴八種不同的人群，八仙皆是由凡人修仙得道，因此在許多道教故事中所呈現出來的個性與一般百姓較為接近，此八仙為道教之中重要的神仙代表。「呂洞賓水面戲觀音」當中設定

的故事背景同樣是在福建省泉州府，寫到觀音大士路過洛陽地界時，聽聞下方江水有呼救聲，即拋下楊枝拯救船民，後觀音問一老翁何不造橋，老翁回應，有一以賣草鞋度日的韋生，正努力攢錢預備造橋，觀音念韋生良善，遂決定助其籌措資金，即化作美女任眾人投擲金銀，三天三夜後，還未有人得以成功，此時化作白髮老人的呂洞賓前來，並將一年輕人的銅錢化成細粉灑向觀音，觀音見呂洞賓只覺得胡鬧，本想轉身離去，但又不想因此失信於民，讓造橋計畫停擺，又知道此位以銅錢細粉擲中自己的年輕人就是發願造橋的韋生。遂交代韋生努力造橋，婚配之事再行商議。過後韋生，日夜監工，兩年後洛陽橋落成，觀音念韋生功績，就將其帶回至普陀山，但兩人無法婚配，韋生就在當地努力修行，最後得道，成為觀音大士的守護神，即為現今許多觀音寺當中的韋馱菩薩。

此「呂洞賓水面戲觀音」的故事與諸多洛陽橋文本故事內容極為雷同。在諸多洛陽橋故事當中，將韋馱安排為泉州知府或一投擲金銀的小販。而韋馱作為洛陽橋的建造者，或安排韋馱最後位列仙班，這其中也有善有善報、虔誠勸善的意謂存在。另外，從此故事中也可以知道，在建造洛陽橋的故事當中「觀音襄助」與「呂洞賓故意戲弄」兩者已經成為洛陽橋故事當中關聯性十分緊密的情節設定了。

## 三、醉吏投海呈交檄文

洛陽橋的建造過程，由於江水波濤洶湧，造橋不易，因此在許多洛陽橋故事文本中都安排了一位名為「夏得海」的醉吏的出現，由他做為代表前往龍宮遞交蔡狀元所寫的檄文給龍王。

此一情節的發生，建立在一個意外之上，由於建造洛陽橋必須在江水底部打樁下基石，可是江水底部有許多暗潮，十分凶險，因此，蔡狀元只能撰寫一檄文，請求海底的龍王退潮，以便造橋工程繼續。當檄文寫成，另一個問題出現，就是如何將檄文交付給龍王，為此，蔡狀元派出大批人馬，甚至張貼公告，只為尋找一位「下得海」的人，原「下得海」之義，是指一位十分熟悉水性，能夠下到海底遞交檄文的游泳健將，而此時有一位名叫「夏得海」的人，聽到此公告後，誤以為蔡狀元是在連名帶姓的尋找自己，便誤打誤撞地成為蔡狀元投遞檄文給龍王的使者了。

然而，此位夏得海並不黯水性，想到要投海遞檄文，便傷心買醉，遂醉倒

在江海岸邊，此時，會安排龍王手下的蝦兵蟹將在夜晚巡邏時，發現醉倒在海灘的夏得海，並將其身上的檄文帶回龍宮呈給龍王。接著龍王念蔡狀元善心，便在檄文上批下一「醋」字，並將檄文放回夏得海身上。夏得海酒醒後，見檄文有批閱痕跡，便直接交給蔡狀元。蔡狀元看後隨即明白龍王的意思，洛陽橋才得以繼續建造。

夏得海投海遞交檄文的劇情幾乎已經成為洛陽橋故事當中的固定情節，前文有提到洛陽橋工程浩大，而且此橋的工藝技法十分特別〔註38〕，在當時屬於非常先進的技術，而此故事就可以為當時科學思想上不成熟的普羅大眾提出一個如何完成在江底打樁奠基石的合理解釋，也讓洛陽橋故事更具神話性。在歷朝歷代洛陽橋故事之中，關於「醉吏投海呈交檄文」的劇情，夏得海的敘述形象趨於立體，逐漸有了鮮明的性格，且在故事中已經漸漸有了固定的模式：

### （一）夏得海形象趨於立體

關於夏得海投海呈檄文的劇情，最早出現於宋代蔡襄擔任泉州知府時所撰寫的《萬安橋記‧跋》之中

> 一日，忽命工房吏寫丈一道，申報海神。公亦勉承母命，自以為迂誕而不經也。乃命皂隸投文濱海，隸畏溺死，眾皆受責，無一肯從命者。有一瘋皂隸出而倡言，曰：「吾願齎文以往。」既至，則就酒肆痛飲，飲畢酣睡於海崖。潮至有死而已，睡及半日而始醒，醒後潮退起視之，則文書已易封亦。……內一「醋」字〔註39〕

《萬安橋記‧跋》從可知，雖此時的洛陽橋故事中已經有醉隸投海檄文的劇情，只是這時候的醉隸，連姓名都還沒有，遞交檄文的過程也只是簡單的「則就酒肆痛飲，飲畢酣睡於海崖。」《閩書》當中所記錄的洛陽橋故事，也未提到醉隸的姓名，但在之後，明朝的《四美記》此為醉隸的姓名就已經被確定皆稱「夏得海」，而且關於夏得海的背景在故事不斷的演變之下，也逐漸趨於立體，尤其李玉的《洛陽橋傳奇》甚至將夏得海塑造成一位甘草類型人物，寫其糊裡糊塗的攬下遞交檄文的工作，細節描寫夏得海得知任務並非前往至龍王廟將檄文焚化而是要親自去道龍宮時的驚慌失措，之後更是到了酒館，向酒保訴苦，

〔註38〕范純武：〈明清以來洛陽橋傳說文本的演變——兼論其與東華地方民間信仰關係〉，頁61～72。

〔註39〕賀復徵編：《文章辨體彙選》卷581，頁184。

過程兩人一陣嬉鬧打罵，其個性滑稽無理頭又莽撞，在李玉所著僅存四折的《洛陽橋傳奇》之中更是成為代表戲。〔註40〕

## （二）「醋」析字法

洛陽江被設定為一處凶險的江水流域，而洛陽橋的建築上的技法進步，使得洛陽橋的建造過程有了更多光怪陸離的傳說，而龍王退江水以利建橋，正好補足了人民對於神話神祉的想像，也合理了對於造橋技法的探究。

在大多的洛陽橋故事當中，龍王一角色其實無太多戲份，皆寫夏德海在酩酊大醉之際，在海岸巡邏的龍王手下，將蔡狀元所寫的檄文帶回到龍宮，龍王念其善心便批准了。有趣的是在所有的洛陽橋故事當中，若是有提到醉隸投海呈檄文的情節，故事當中龍王的回答，都非正面直接了當的應允，而是都留下一個「醋」字。

此「醋」字，運用的中文上的析字法〔註41〕當中的「離合法」，將「醋」字，分解為「十」、「十」、「一」、「日」、「酉」五個字，意思為龍王允諾在「二十一日酉時」退潮以幫助洛陽橋的建造。此中析字法的文字遊戲，讓整個洛陽橋故事更富趣味，不僅讓龍王更具神秘感，也使洛陽橋故事的劇情更加引人入勝，尤其在洛陽橋故事被搬演上舞台時，此析字法的設定，更可以成為劇情之中的一大懸念，吸引大眾視角。

當夏得海看到檄文上的「醋」字，並未了解其中意涵，遂直接將檄文呈給蔡狀元。這讓夏得海不甚暸解的「醋」字，卻讓蔡狀元一眼即看穿，龍王之意，是應允在「二十一日酉時」退潮，從夏得海與蔡狀元二人反應也可以看出兩人的人物形象大相逕庭，夏得海大而化之，相較之下蔡狀元就顯得聰明機智許多。

〔註40〕梁帥：〈李玉《洛陽橋》傳奇殘曲考〉（中國：南京師範大學文學院，2015 年），頁 75。

〔註41〕析字法：修辭學上的一種。根據字的形、音、義，進行化形、諧音、衍義等的修辭手法。析字法當中最常見的幾種析字方式有離合、增損、借形、借音、切腳、雙反、代換、牽附等。

# 第三章　洛陽橋寶卷主題探討與情節分析

　　洛陽橋故事在歷朝歷代的發展之下，已經成為相當完備的一則故事，在諸多類型文學當中都可以看見，其中包含在明清時期大為興盛的「寶卷」之中，以洛陽橋故事作為主軸的卷本多被稱作「洛陽橋寶卷」或是「受生寶卷」。

　　在車錫倫的《中國寶卷總目》中有非常詳細的紀錄關於洛陽橋寶卷的各種版本，更提到洛陽橋寶卷，又名《受生寶卷》、《洛陽受生寶卷》、《洛陽造橋》、《洛陽大橋》、《壽生寶卷》、《陰司贖罪寶卷》。〔註1〕

　　本章節將整理並且說明關於「寶卷」此一文體的起源、名稱、體制等資訊，緊接著以八本「洛陽橋寶卷」作為研究的範疇，包含：《江蘇無錫卷》中的《洛陽橋寶卷》、《民間寶卷》的《洛陽橋寶卷一卷》、《哈佛燕京寶卷》的《新刻洛陽橋寶卷》、《同里寶卷》的《洛陽橋》、《沙上寶卷》的《蔡狀元造洛陽橋寶卷》、《河陽寶卷》的《受生寶卷》、《常熟寶卷》的《受生寶卷》以及《惜陰寶卷》的《繪圖洛陽橋寶卷》，梳理洛陽橋寶卷的情節故事，並且對比第二章中所整理出的許多洛陽橋故事，研究出其中情節出入與整理出專屬於洛陽橋寶卷之中才有的故事橋段以及所隱含的意義。

## 第一節　寶卷歷史發展概述

　　寶卷出現時間約在中國的元末明初，至今已經有了將近八百年的歷史，為

---

〔註1〕車錫倫：《中國寶卷總目》，頁140～143。

現今中國歷史文化當中非常珍貴的一部份。寶卷是民間「念卷」或是「宣卷」的宗教活動與民間信仰之中，將信仰、傳教、娛樂三位集於一體的民間講唱藝術。

## 一、寶卷的起源

關於寶卷的起源，由於資料庫龐大，學者們有著諸多的推測。根據車錫倫在《中國寶卷概論》中的說法，寶卷的淵源可以追溯到唐代佛教的俗講。因為從甘肅敦煌莫高窟之中可以發現唐五代的手抄卷之中的俗講底本，由此可以得知，當時的佛教俗講大致可以分成兩大類：第一類是講經，多是在演繹佛教的經典典籍，此底本稱作「講經文」；第二類則是說唱因緣，內容講唱因緣故事，宣揚佛法，此類型的底本稱為「因緣」、「緣起」或是「緣」，在宋元時期，社會興起的說書活動，把原本都在佛寺廟宇之中佛教俗講的講唱藝術帶進了都市裡的瓦子勾欄中表演，而佛教寺廟之中卻仍舊保留下了俗講。〔註2〕

到了明清時期，寶卷出現了重要的發展，以清朝康熙為基準，寶卷的發展可以大致劃分成前後兩期，此兩個時期的寶卷，在內容、主題、形式都有著很大的區別。前期主要為宗教寶卷，而後期則是以民間寶卷為主流。

前期的宗教寶卷的發展又可以再分成兩個階段：明中葉正德之前是佛教世俗寶卷在發展，此時的寶卷屬於宗教上的一種佛教書，也是佛教在社會、世俗影響下而成的一種產物，形式繼承了俗講文學散韻夾雜的系統，韻文部分主要為五言、七言為主，也含有少量的佛曲曲牌，內容方面紀錄了佛菩薩本生的故事，也有世俗民眾出家修行因緣的故事。而明正德以後則是新興民間宗教寶卷的發展時期，也是寶卷作為秘密宗教的經典時代開端，此後開始出現了各種寶卷，內容大部份都在講述一宗一派的道理與修行方法，也有少部分內容為神道故事以及民間傳說，此形式模仿了佛經，有「爐香讚」、「開經偈」等，唱詞主要使用十字句或是當時社會上所流行的俗曲。

後期的民間寶卷，其發展與清朝政令有著極大的關係，在清康熙以後政府開始嚴格取締民間秘密宗教，因此隱含秘密宗教的寶卷發展開始受到極大的阻礙，因此在這一個時間點，寶卷的發展重心已經慢慢轉向民間大眾化，包含大量的教化、信仰、娛樂等成分，但內容當中的信仰部分已漸漸失去分明的宗教歸屬。此類具有娛樂效果的寶卷大為流行，目前此類型的寶卷最早的卷本年

---

〔註2〕車錫倫：《中國寶卷論集》（台北：學海出版社，1997年），頁5。

代於康熙二年的《猛將寶卷》抄本，道光年間以後數量開始增多了起來，到了清末民初，民間寶卷的發展來到了巔峰時期。在江浙一帶，許多宣卷活動開始在城鄉都市之中蓬勃發展起來。而這一個時期的民間寶卷的內容絕大部分都以文學故事作為發展核心。形式上可以根據寶卷的內容長短，分割成上下兩冊，主要以十字或是七字的詩贊體呈現或是以吟唱式的韻誦和改編各地民歌小調而成。

在 1950 年代過後，寶卷的宣卷活動開始大量地在各地消失，僅剩少部分地區仍保有宣念的儀式在，直至 1980 年代，在甘肅河西走廊諸線以及江浙地區的農村中還有宣卷和的念卷的活動紀錄。〔註3〕

## 二、寶卷的名稱

目前可以找到年代最早的寶卷，見於元末明初的《目連救母出離地獄升天寶卷》，而「寶卷」一詞也成了明清時期在宣卷時「底本」的總稱，用以說明明清時期秘密宗教用來宣揚教義以及民間用來講述故事、娛樂的一種說唱文體的通稱。在明王源靜補注《巍巍不動太山深根結果寶卷》中有對「寶卷」此名詞作出說明「寶卷者，寶者法寶，卷乃經卷」，有時甚至可以直接稱其為「卷」。而在「寶卷」一詞還未成為通稱之前，此一文體還有著許多不同的稱呼。

### （一）科儀、寶懺

如《銷釋金剛科儀》、《圓通白衣集福寶懺》、《佛說宏揚慈悲中華救苦寶懺》等。在中唐朝的時候，中國的禮懺制度就已經非常的盛行，而這種儀式對於佛教與秘密宗教的修行儀式影響非常深遠，因此內容有著諸多宗教的修行概念以及教義宣揚的文本也變得十分重要，因此這些卷本也會仿照當時的禮懺書、科儀書的名稱，稱其為「科儀」亦或是「寶懺」。

這些寶卷雖然以科儀、寶懺命名，卻不同於佛教科儀書，它們只是取義於科儀書注重禮懺修的方式，最主要的內容還是以宣揚教義為主。〔註4〕

### （二）真經、妙經、經

如《古佛天真考證龍華寶經》、《弘揚佛說龍虎鎮宅妙經》、《觀音濟度本願真經》等。寶卷的一項極為重要功能是秘密宗教的教徒用來作為宣揚教義的工

---

〔註3〕　車錫倫：《中國寶卷論集》，頁9。
〔註4〕　方鄺怡：〈明清寶卷中的觀音故事研究〉（花蓮：國立花蓮師範學院，2001 年），頁 23。

具，因此在當時這些卷本就被許多人視作宗教經典，強調宣卷中的內容為宗教之中的至真、至寶，因此這些寶卷就有了「真經」、「妙經」、「經」這些可彰顯其地位的名稱。

### （三）寶傳、傳

如《達摩寶傳》、《十共神仙傳》、《韓祖成仙寶傳》、《修真因果寶傳》等。此類以寶傳或是傳定名的卷本，內容大多以描寫神道人物傳說或是紀錄宗教祖師的傳記事蹟為主。

### （四）妙典、古典、古跡

如《西瓜古典》、《狗吃屎罵爺娘故典》、《大孝殺兒奉母古典》、《雷鋒古跡》、《灶王妙典》、《鋪堂妙典》等。「古典」、「古跡」的卷本名稱多來自民間俗語，具有「古老的故事」之意，而「妙典」的名稱意涵則是宣卷者在進行宣卷儀式時，為了凸顯卷本內容的神異奇妙之處而有的代稱。

### （五）偈文、偈

如《十炷蠟燭偈》、《八仙上壽偈》、《許仙游春偈》、《散花偈文》等。此卷本的名稱源自佛教，用於民間法事當中的祝禱儀式，如儀式中若是要請神之時，就有了《拜佛偈》的出現。而這些偈文或是偈，其唱詞大部分都是七言形式。

以上這些寶卷的名稱，其產生的原因，車錫倫在《中國寶卷研究論文》歸納出了以下四種原因：一、明清民間宗教多處於不合法地位，他們重印或傳抄前代的寶卷便常常更改卷名。二、文獻紀錄的明清民間宗教寶卷多用簡名或異名。三、寶卷開經偈和結經部分的唱詞中，出現寶卷的名稱。這類唱詞多是七字句，這樣便能只用簡名。四、清及近現代浙江民間宣卷藝人演唱的文學故事寶卷，往往在情節上稍加變動而用一個不同的卷名以標新立異，他們的手抄寶卷異名相當多。〔註5〕

## 三、寶卷的題材

中國寶卷為一種十分古老且具有宗教以及信仰的講唱文學，並以宣卷的方式口頭流傳。據統計，當今海內外公司收藏元代以下寶卷共 1500 餘種，版本約 5000 種，其中十之七八是民間抄本。〔註6〕這些寶卷又可以再進行分類，

---

〔註5〕車錫倫：《中國寶卷論集》，頁 38。
〔註6〕車錫倫：《中國寶卷論集》，頁 5。

首先在諸多寶卷之中鄭振鐸草創將寶卷分為：一、佛教類（勸世經文、佛教的故事），二、非佛教類（神道的故事、民間的故事、雜卷）。後來，李世瑜在〈寶卷新研〉和〈浙江諸省的宣卷〉再將寶卷做出分類，前期寶卷可分為：一、演述秘密宗教道理，二、襲取佛道教經文或故事以宣傳秘密宗教，三、雜取民間故事、傳說或戲文等，而後期寶卷則有：一、經咒式，二、佛道教故事，三、勸懲故事和勸化文字，四、戲曲和民間故事。而日本學者澤田瑞穗的〈寶卷の研究〉則是將寶卷分為五大類：科儀卷、說理卷、敘事卷、唱曲卷以及雜卷。曾子良的〈寶卷之研究〉寶卷則是分為：一、佛教類，二、秘密宗教類，三、道教與神道故事類，四、改編戲曲小說與民間傳說類，五、其他——時事故事類與文字遊戲類。〔註7〕由以上這些寶卷的分類方式來看，可以再一次確定寶卷的內容基本上與宗教之間是緊密不可分，因此，前期的寶卷的題材多為演繹佛道教教義，具有濃厚的宗教色彩。相對來看，後期的寶卷，內容就顯得豐富多元，有許多的民間故事、宗教故事、傳說甚至還有許多由戲曲小說改編而來的卷本，可見寶卷發展到後期，題材方面已經打破了宗教的藩籬，開始擴大了敘事的格局。後期的民間寶卷大多數是文學故事寶卷，主要是由人物、故事所構成的文學故事寶卷，這些寶卷的內容題材又可以分成：

## （一）神道故事寶卷

寶卷具有非常濃厚的宗教色彩，也具有宣揚秘密宗教的作用，因此這一類題材的寶卷會講述宗教之中的神祇，包含佛教當中的佛菩薩、道教之中的神仙，甚至還有許多民間宗教當中的信仰神，祂們如何修道、得道，最後成神的故事。

例如，講述觀世音菩薩的《香山寶卷》。觀音原為妙善公主，身在皇家，為妙莊王的三女，卻為了修行不肯成親，歷經種種磨難，還被親生父王給殺害，魂遊地府，仍不改其善，感動閻王使其還陽，改稱觀世音，不計前嫌，以德報怨，捨手眼拯救罹患了不治之症的妙莊王，使妙莊王化惡為善，此強調妙善的孝順與良善的《香山寶卷》就可以分類在神道故事題材的範圍之中。還有像是《目連寶卷》、《靈應泰山娘娘寶卷》、《悉達太子寶卷》、《麻姑寶卷》皆可列在此範疇之內。

神道故事寶卷除了講述神佛得道成仙之外，還有另一題材，就是記敘神佛

解救蒼生百姓，為人民消災解厄的類型，例如受天皇命令，下凡掌管人間煙火、調查人民善惡之事的《灶君寶卷》、天上星宿為百姓消災除厄的《解順星寶卷》。

### （二）修行故事寶卷

寶卷之中，除了神佛的修道故事之外，為了宣揚教義並且將宗教信仰宣達到一般大眾，寶卷之中還有以一般平民百姓作為主角的修行故事。這類的修行故事寶卷大致上可以分成兩大類：一般修行故事以及女性修行故事。

一般修行故事之中，凡人會經歷許多磨難痛苦，而在諸多的考驗之中，劇情常會安排神仙下凡的幫助凡人度過試煉，最後修成正果，得道升天。例如：觀世音菩薩下凡度眾人，其化度了十二圓覺、十大菩薩、五百五十羅漢的《十二圓覺寶卷》以及講述禪宗五祖弘忍故事的《五祖黃梅寶卷》。

而在女性修行題材類的寶卷裡，故事當中的主角，多被設定為一位自幼良善，吃齋唸佛，不願走入婚姻，反而投入宗教的女性，例如《劉香寶卷》、《黃氏寶卷》、《秀女寶卷》、《杏花寶卷》等。此類題材的寶卷之中，女子儘管身處在巨大的磨難，也都能潛心修道，因而獲得了神祉的幫助度過難關，得到修行的成果並且擺脫了自己原本悲苦的命運。宣卷的場所多在尼姑庵或一般百姓的家中，聽眾也多以女性為主，因此對於生活壓抑，較無變化的婦女而言，女性修行寶卷當中的主角經歷，無疑是一種壓力宣洩的出口。這也是女性修行題材寶卷被產出的一大因素。

### （三）報應教化故事寶卷

寶卷具有濃厚的勸善功能，此題材的情節設計上有著十分濃厚的宗教色彩。有勸人行善或以地獄警惕世人、為惡遭受報應、神佛顯化因果善惡的概念，在在都彰顯一件事——「善有善報、惡有惡報」。例如：《西瓜寶卷》中觀音為了規勸一位惡人而親自下凡，但惡人仍然執迷不悟，持續作惡。後來觀音安排惡人種西瓜，成熟採收之後，剖瓜時，瓜中竄出火焰，惡人一家俱燼。在《西瓜寶卷》之中，報應的成分就十分鮮明。而在《延壽寶卷》中則有明顯的教化意涵，內容角色因為孝順、寬和、慈愛等種種善行，而得上天恩德延壽，歲至百餘後還坐化西去，得以善終。

### （四）神怪故事寶卷

此類題材的寶卷是以神幻、妖怪、鬥法等情節作為主要劇情，具有非常高的趣味性，娛樂價值也非常高，此類寶卷的題材也多選自廣受普羅大眾歡迎的

奇幻仙俠故事或者是民間傳說，例如：《白蛇傳寶卷》、《雷峰塔寶卷》其題材就是選自廣為流傳的白蛇傳故事。神怪故事題材的寶卷，有別於一般多數寶卷內容多為主角受難、歷經折磨的設定，通常整體故事饒富著神奇以及趣味，如《張四姐大鬧東京寶卷》內容就是敘述玉皇大帝之女下凡到人間與一位凡人男子成親，後因丈夫遭受牢獄之災，玉帝女兒故展神通，與天庭諸多神祇鬥法的故事。此題材的寶卷娛樂性高，因此廣受大眾歡迎。

### （五）法律公案故事寶卷

清官判案一直以來都是各類文學當中非常受歡迎的一種題材，在許多的小說、戲曲之中都有清官判案的故事。生活在社會底層的百姓跟許多具有權力財富的貴人相比，本來就屬於弱勢，在長期受欺壓的生活環境下，這也造就民眾對於「清官」、「公平正義」的渴求。因此，法律公案題材的寶卷開始出現，此題材的寶卷多寫各種的不法案件，在一番曲折之下，終於真相大白、沉冤得雪的判案過程。

法律公案故事題材的寶卷之中，最多的就屬於歷代最著名的清官典型人物——「包公」故事最多，如《包公出世狸貓換太子寶卷》、《龍圖寶卷》、《黃馬寶卷》、《劉文英寶卷》等。而除了包公之外，還是有其他的法律公案故事寶卷，如《烏金記寶卷》，寫一女子新婚之夜，夫君遭歹人殺害，並被盜去了烏金鐲，還被誣陷，幸得友人、縣令的幫助，並賴神託捉捕歹人，洗刷了冤屈。此題材寶卷還有像《老鼠寶卷》、《康熙訪山東寶卷》等。

### （六）愛情故事寶卷

「愛情」一直是歷朝不敗的文學題材，愛情題材在寶卷之中大致可以分成兩大類型。第一類就屬於「才子佳人」的愛情題材，在寶卷中這類故事大都改編自彈詞，這類故事，大約可以用一句話說明之，就是「小姐贈金後花園，落難公子中狀元」〔註8〕。如《何文秀寶卷》、《珍珠塔寶卷》等。這類題材寶卷當中的男主角大都家道中落，並且懷才不遇，歷經磨難後邂逅女主角，兩人情投意合，私訂終生並且由女主角無償資助男主角。而男主角會在幾番波折與考驗，被家中親族反對或是被奸賊小人所害，所幸得貴人相救，男主角獲取成功並與心愛之人重逢修成正果。此才子佳人題材的寶卷，可見對於社會上嫌貧愛富、世態炎涼的批判，更有者女性對於自由，對於愛情嚮往的投射。

---

〔註8〕曾友志：〈寶卷故事之研究〉，頁49。

除了才子佳人類型的愛情題材寶卷，還有一般類型的愛情題材寶卷。這一類別的故事就不局限於落難才子男主角與富家千金女主角之間的愛情故事，其故事題材較為豐富多元，主要圍繞在男女主角的緣分以及婚姻上面，呈現方式具有較多樣性的變化。如《九美圖》是寫唐伯虎為求取美女，便將自己變賣為奴，後來娶了九個女子的故事。除此之外，此一題材著名的寶卷還有講述梁山伯與祝英台故事的《梁山伯寶卷》或是《蘭英寶卷》、《雙剪髮寶卷》、《蝴蝶盃寶卷》等。

## 四、寶卷的體制

寶卷基本的體制可以分成開卷、主文、結尾三大部分。〔註9〕

### （一）開卷

寶卷的演唱稱為「宣卷」，在講唱者正式宣講寶卷主要內容之前都會先念一段開卷偈或是說白。前文中有提到寶卷的發展以清康熙為界線，可以分成前期和後期的寶卷。而前期寶卷與後期的寶卷的開卷偈與說白風格上也十分不同。

前期的寶卷，內容主要以宣揚佛道教與民間秘密宗教為主的宗教卷本，多會講述宗教經典與宣傳自己的宗教教義，因此在前期寶卷都會先吟誦一段佛道教的開經偈。而在清康熙以後的後期寶卷風格就較偏向多元，娛樂價值也提升，連開卷偈也一改佛道教經典，改以簡短的韻文介紹做為開端，再以散文形式交代寶卷內容的人、事、時、地、物。〔註10〕前期的《靈應泰山娘娘寶卷》的開經偈與白文：

> 頂上娘娘顯神通，護國佑民保太平
>
> 大眾宣看娘娘卷，增福延壽滅災星
>
> 夫泰山娘娘者、天仙聖母、碧霞元君，鎮守泰山，感動天下，善男信女進香。不知當初起根立地，原是西牛賀洲昇仙莊，金員外母黃氏，娘娘聖體投胎，三歲吃齋，七歲悟徹心明。

後期寶卷：《新刻黃糠寶卷》的開卷偈與散文過度段落：

> 黃糠寶卷初展開　諸天大聖降臨來
>
> 欺貧重富從古有　後來報應不開懷

---

〔註9〕 王正婷：〈變文與寶卷關係之研究〉（嘉義：國立中正大學，1998年）。
〔註10〕 方鄒怡：〈明清寶卷中的觀音故事研究〉，頁25。

　　且說宋朝淳佑年間，在蘇州府吳江縣東門城外，東北村上，有個富
　　戶，姓張名金源。進士出身，只因官星顯達，高陞禮部尚書，娶妻
　　錢氏夫人，好善，所生一子，取名珍寶，眉清目秀，原是上界文曲
　　星官下凡也。

## （二）主文

　　寶卷在結束開卷之後，就進入「主文」的部分，為主要的宣卷部分，是演
唱的主體內容可以化分為若干段，首先可以將寶卷分為上下兩卷，卷之下再分
段落，稱為「品」或是「分」。每品的文詞都是由白文、偈贊和曲牌三種體裁
所組成。一般都是畫分成二十四品或是三十六品不等，但也有寶卷已經不分卷
也不分品的，例如《杏花寶卷》就是屬於單一卷或者是像《龍圖寶卷》一樣，
雖然分成上下兩卷，但已經不分品了。

　　這些劃分的段落為「品」，同時也是寶卷劇情的分割以及宣卷演唱時候的
段落分割。這些分割的每一品，通常會包含以下的形式：〔註11〕

（1）散說：開始冠以「說」、「蓋聞說」、「話說」等註明，有的寶卷則是註明
為「白文」。例如《新編李宸妃冷宮受苦寶卷》：

　　　話說宋朝真宗時，有一段故事，狸貓剝皮換太子，宮闈實事，聽在
　　　下慢慢的道來。那宮中有劉李二妃，同時懷孕。這日乃是中秋佳節，
　　　真宗帝降旨，宣劉李二妃，至御花園飲宴賞月，當有侍駕太監領著
　　　旨意前來宣詔。〔註12〕

（2）七言偈四句，或兩句，多為感嘆語。

　　　菩薩贊嘆好傷情，我今來了整八春。
　　　實心傳與黃天道，不肯回頭問一聲。

（3）十字句：由三、三、四字組成，可以稱為「攢十字」或是「十字佛」。如
《梁山伯寶卷》〔註13〕：

　　　英台女，在高樓，梳妝打扮。埋動了，小金蓮，走進香房。
　　　走到了，梳妝台，將身坐下。打開了，青絲髮，巧梳烏雲。
　　　用牙梳，理青絲，烏雲挽救。桂花油，搽烏雲，香氣逼人。

---

〔註11〕車錫倫：《中國寶卷論集》，頁96。
〔註12〕俗文學叢刊編輯小組：《俗文學叢刊》第351冊（台北：新文豐出版社，2004
　　　　年），頁456。
〔註13〕俗文學叢刊編輯小組：《俗文學叢刊》第351冊，頁14。

　　　梳好了，蟠龍結，珠花插帶，左青龍，右白虎，翡翠鴛鴦。

（4）長短句贊：有「四四五韻」、「四四韻」、「四五韻」，多出現在每一品的最
後，連接著十字句或是七言韻句。《先天原始土地寶卷》〔註14〕：

　　　樹林火起，天兵著忙，四面起火光。

　　　各人奔走，慌慌張張，手（丟）盔掠甲，

　　　不顧刀槍；燒眉燎鬢，各個都著傷。

（5）五言韻式：五言韻式通常是四句一組，方在每一品的結尾之處，作為抒
發感嘆。如《三毛寶卷》〔註15〕：

　　　功名枷鎖禁，富貴孽冤基，兒女梁上燕，毛長各自飛。

　　　人似春花草，光陰燕蝶飛，莫待閻王喚，及早念阿彌。

　　　勸妻休意我，及早轉房門，將軍不下馬，各自奔前程。

（6）小曲：為民間寶卷的固定唱段，大部分在每一品的開頭和結尾。如《護
國祐民伏魔寶卷》中的第一品：

　　　【上小樓】展放開玄中玄，妙獎專論，皇天聖道，放去收來，攪清
　　　喚濁。出殼入殼，晃一晃，搖一搖，樂樂陶陶，才是咱修行人。才
　　　是咱修行人。搭茬對號。為生死，提起放下，把萬物不要牽掛。捲
　　　起珠簾，頂住禍門。採取先天，射開心花，奔地上叮噹響亮。撞出
　　　沙塵哪個才是咱修行人。才是咱修行人，萬物不掛。

後期的寶卷雖然仍是以散韻夾雜並且搭配小曲，但有許多寶卷已經不標示出
曲調名了，且使用曲調的次數也相對較少。

## （三）結尾

　　宣卷完畢之後，寶卷文本末通常都會有一個結尾偈，多已韻文的方式作
結，宣告寶卷已經完結並且交代寶卷故事的結局。如河陽寶卷中的《悉達卷》
〔註16〕：

　　　悉達太子道根深，救渡世人萬千人。

　　　先渡耶書歸淨土，再渡雙親上天門。

---

〔註14〕車錫倫：《信仰‧教化‧娛樂——中國寶卷研究及其他》：（台北：台灣學生書
　　　　局，2002年），頁15。

〔註15〕俗文學叢刊編輯小組：《俗文學叢刊》第351冊，頁127～133。

〔註16〕中共張家港市委宣傳部編：《中國‧河陽寶卷集》（中國：上海文化出版社，
　　　　2007年），頁16。

合國朝臣同行道，渡盡阿難五百人。

一子出家超九祖，王珍亦渡上天門。

如來寶卷宣完滿，諸佛菩薩盡歡喜。

今朝宣只如來卷，男男女女結善緣。

為上良因結善果，救苦救難觀世音。

諸尊菩薩法無邊，尊尊菩薩救渡人。

南無如來佛菩薩　阿彌陀佛

在寶卷的結尾偈之中，除統整整篇故事以及交代結局之外，結尾偈還有濃厚的勸善意味在，強調善惡有報、世間因果以及修道行善的重要性。

## 五、寶卷的講唱

寶卷盛行於明清時期以說唱形式進行。寶卷的講唱可以稱之為「宣卷」。宣卷則是一種由僧尼以通俗說唱的方式來勸善化俗的宗教宣傳活動，以講解宗教教義以及佛經故事做為內容，而宣卷時的聽眾多是佛教信徒，此種宣卷儀式在清末民初時，發展成了一種民間說唱藝術。當宣卷成為民間的說唱藝術後，整個寶卷的體制被簡化，內容不再以「品」作為單位，也不一定會使用小曲的曲牌，格式多由散白和七言、十言等形式交叉組成。

在清咸豐年間道民國初，是民間寶卷發展的鼎盛時期。在許多地區，宣卷活動開始流行興盛起來，宣卷儀式大量的進入許多城鎮、鄉村，甚至上海、蘇州、杭州等大都市中，也有宣卷的活動。在當時社會上出現了大量的宣卷藝人，甚至宣卷藝人之間還會組成行業組織，稱為「宣揚公所」（亦可稱「宣揚社」），但凡百姓家中有任何婚喪喜慶、祝壽生子、新居落成、祈福消災或是民俗節慶活動，宣卷班就會到百姓家中進行宣卷，宣卷的儀式稱作「做會」，而家中宣卷的場所會被稱作「佛堂」。

執行宣卷的人員稱為「宣卷先生」（或可以稱做「講經先生」、「佛頭」），身分多為僧尼、道士，也有些地區的宣卷者由女性擔任。宣卷儀式開始之前，必須先在宣卷位置擺放好放置經書的經桌，且聽眾必須先洗手、焚香、點香燭，已表示虔誠，在宣卷前宣卷先生也要洗手漱口，並且帶領家中聽眾開始點香、請佛、拜佛，接著才正式開始宣卷。一般宣卷儀式會搭配簡單的伴奏音樂。這些伴奏音樂也有變化，從一開始單調的敲擊木魚的「木魚宣卷」到後來逐漸發展成有絲竹樂器伴奏以及汲取各式小調與多元唱腔的「絲竹宣卷」。做會開始，

會由宣卷先生唱「請佛偈」，報出諸位菩薩的名號、靈地，再由齋主在供桌前一一叩請。請佛後就由宣卷先生開始講經，值得注意的是講經開始時，會搭配不同的寶卷，進行不同的祈求或是祭拜不同的菩薩，過程中還會搭配不同的宣卷目的，為齋主家中，穿插進不同的祈福消災儀式，例如為小孩祈求健康長壽的「拜本命」，驅除邪惡，祈求家宅平安的「安宅」或子女為讓母親免受下血湖地獄，受血水浸淹之苦的「破血湖」。

講經結束後，隨即會進行由齋主頭頂茶盤供品跪拜所請神佛的「上茶」（又稱「敬香茶」）儀式，接著再由宣卷先生念「疏表」，最後「送佛」，並將馬紙、疏表焚化，整個宣卷儀式才算式圓滿結束。

到了民國年間，整個社會環境開始蓬勃發展，科學民主等觀念開始被重視，且當時政府極力消除民間宗教，造成許多宣卷先生恐懼而退出，也讓多數民眾不敢公開舉行座會講經的活動，再加上文化大革命、戰爭的因素，整個社會文化發生急劇的變動，人民對於神佛、信仰的觀念也不如以往重視，新興的娛樂逐漸普及，因此在許多地區的宣卷儀式就逐漸式微甚至消失了。

## 第二節　洛陽橋寶卷

中國寶卷發展可以以清代康熙為界，分成兩個時期，分別為前期的宗教寶卷以及後期的民間寶卷，而在康熙年間後，前期的宗教寶卷逐漸被民間傳說故事寶卷給替代〔註17〕，「洛陽橋寶卷」即屬於民間傳說故事寶卷。

洛陽橋寶卷，這本內容講述蔡狀元建造洛陽橋故事的寶卷，在《中國寶卷總目》收錄了許多版本，除了洛陽橋寶卷這個名稱之外，又可以稱做《受生寶卷》、《洛陽受生寶卷》、《洛陽造橋》、《洛陽大橋》、《壽生寶卷》、《陰司贖罪寶卷》〔註18〕。

洛陽橋寶卷留下來許多不同的卷本，其情節結構大同小異，內容是由著名的洛陽橋傳說故事改編而來。內容敘述蔡生上京趕考，喜中狀元，過後蔡狀元奏本皇帝，表示只願回鄉侍奉父母親，不願為官，皇帝感其孝心，恩准其暫回鄉盡孝。蔡狀元在搭船回鄉途中不小心迷失的方向，航行了數日都無頭緒，忽見前頭岸上有一個小村莊，岸邊還有一位女子，是蔡狀元家中的婢女。一問之

---

〔註17〕車錫倫：《中國寶卷研究論集》，（台北：學海出版社，1997年5月），頁6。
〔註18〕車錫倫：《中國寶卷總目》，頁140～143。

下，才知婢女已身亡，蔡狀元所到之地為陰司，而婢女已嫁與馬面為妻。婢女與蔡狀元兄妹相稱，並招待蔡狀元遊地獄。

蔡狀元遊地獄時，見故鄉之惡人在受刑罰，更看見了自己父親亦在地獄受刑，才知父親犯了罪惡，為了替父親贖罪，因此蔡狀元與馬面借用了地府庫銀，免除了父親的刑罰。

蔡狀元返鄉後，更加確信自己在陰司所見之事皆為真，深怕自己挪借地府庫銀之事拖累馬面及婢女，急欲歸還庫銀，無奈卻遍尋不著地府入口。此時有一老人，建議蔡狀元乾脆將此筆銀兩用來建造洛陽橋造福大眾，蔡狀元開始造橋。洛陽江水湍急，建造困難，蔡狀元遂寫檄文並派夏得海呈交給龍王，希望龍王可以退潮讓建橋工程順利進行，後來輾轉間龍王得檄文並批下「肚醋」二字（析字後意思為「十一月二十一日酉時」），讓蔡狀元得以順利建橋。有些版本的洛陽橋寶卷還增添了蔡狀元建橋時，所需錢兩不足，觀音大士化身美女招親幫助籌措金銀或者是觀音將木屑化成鮮魚提供工人食用的橋段。

最後，洛陽橋順利竣工，馬面人等，因觀音說情而釋罪，蔡姓一家以及夏得海均有善報，洛陽橋宣卷完畢。

本論文所要研究的洛陽橋寶卷有八本，共有五本手抄本，一本木刻本，一本石印本以及一本演唱整理本。分別是《中國民間寶卷文獻集成·江蘇無錫卷》中的《洛陽橋寶卷》〔註 19〕、《中國民間文獻集成·民間寶卷》的《洛陽橋寶卷》〔註 20〕、《美國哈佛大學哈佛燕京圖書館藏寶卷彙刊》的《新刻洛陽橋寶卷》〔註 21〕、《中國·同里宣卷集》的《洛陽橋》〔註 22〕、《中國·沙上寶卷集》的《蔡狀元造洛陽橋寶卷》〔註 23〕、《中國·河陽寶卷集》的《受生寶卷》〔註 24〕、常熟寶卷在乙亥年所抄錄的《受生寶卷》〔註 25〕以及惜陰書局所出

〔註 19〕 車錫倫主編：《中國民間寶卷文獻集成·江蘇無錫卷》（北京：商務印書館，2014 年），頁 1523～1575。

〔註 20〕 周燮藩主編：《中國民間文獻集成·民間寶卷》第十七冊（合肥：黃山書社，2005 年），頁 446～463。

〔註 21〕 霍建瑜主編：《美國哈佛大學哈佛燕京圖書館藏寶卷彙刊》（桂林：廣西師範大學出版社，2013 年），頁 565～587。

〔註 22〕 俞前主編：《中國·同里宣卷集》（江蘇：鳳凰出版社，2010 年），頁 270～303。

〔註 23〕 張芳主編：《中國·沙上寶卷集》（上海：上海文化出版社，2011 年），頁 407～418。

〔註 24〕 梁一波主編：《中國·河陽寶卷集》（上海：上海文化出版社，2007 年），頁 327～338。

〔註 25〕 常熟《受生寶卷》為乙亥年（1995 年）朱藏手抄本。

版的《繪圖洛陽橋寶卷》〔註26〕。

洛陽橋寶卷在江南一帶十分流行，因為洛陽橋寶卷吸收了江南地區所流傳的民間信仰，如「寄庫」、「受生」等觀念，因此洛陽橋故事，在江南一帶的民間信仰的影響之下，內容上有著很顯著的更動，也因為江南一帶宣卷活動的興盛，洛陽橋傳說廣為流傳〔註27〕。本論文所討論的八本洛陽橋寶卷，也多流傳於江南一帶。

收錄在《中國民間寶卷文獻集成·江蘇無錫卷》之中的《洛陽橋寶卷》是吳方言區流傳非常廣泛的一部民間故事寶卷，此一版本為無錫地方佛頭楊義廷在一九九二年的手抄本，封面標題就為「洛陽橋寶卷」，在卷中保留無錫地區方言。以下為簡便，提及此一版本洛陽橋寶卷時，稱為「無錫卷」。

《洛陽橋寶卷》，被收錄在《中國民間文獻集成·民間寶卷》之中，封面標題為「舊抄本洛陽橋寶卷一卷」，此版本的洛陽橋寶卷為朱恩沐於次己酉季冬時的手抄本，以下為簡便，提及此一版本洛陽橋寶卷時，稱為「民間卷」。

收錄在《美國哈佛大學哈佛燕京圖書館藏寶卷彙刊》之中的《新刻洛陽橋寶卷》，為美國哈佛大學燕京圖書館所收藏從明代到民國的寶卷，此批寶卷大多數為哈佛大學韓南教授所贈與。這一版本寶卷為民國十八年時朱明孝捐資敬刊並且由浙杭省的瑪瑙經房所出版的印刷本。以下為簡便，提及此一版本洛陽橋寶卷時，稱為「哈佛燕京卷」。

惜陰書局所刻印的《繪圖洛陽橋寶卷》，為吳江陳潤身編，出版時間不詳。惜陰書局是在上海蓬勃的印書氛圍中出現的石印書局，惜陰書局確切的成立時間不詳。〔註28〕

清末民初上海出現大量以石印技術印行善書及通俗讀物的書局，其中惜陰書局大量印行通俗的文學寶卷，從目錄可知大約出版了近一百種的寶卷。〔註29〕上海惜陰書局所刊印的《繪圖洛陽橋寶卷》，其內容與《美國哈佛大學哈佛燕京圖書館藏寶卷彙刊》之中的《新刻洛陽橋寶卷》相同。「哈佛燕京卷」與《惜陰寶卷》中的《繪圖洛陽橋寶卷》兩者皆為民國後所出版的寶卷，

---

〔註26〕民國上海惜陰書局石印本，一冊。

〔註27〕范純武：〈明清以來洛陽橋傳說文本的演變——兼論其與東華地方民間信仰關係〉，頁61～72。

〔註28〕丘慧瑩：〈從天人感應到庶民教化——吳地流通的寶娥故事寶卷研究〉（彰化：《彰化師大國文學誌》第四十、四十一期，2020年12月），頁39。

〔註29〕丘慧瑩：〈從天人感應到庶民教化——吳地流通的寶娥故事寶卷研究〉，頁32。

且內容一致，因此，本論文會以出版印刷時間更為清楚明確的「哈佛燕京卷」作為洛陽橋寶卷的分析文本，以下論文不會將《惜陰寶卷》中的《繪圖洛陽橋寶卷》獨立出來。

　　《中國·同里宣卷集》中的《洛陽橋》，此本版為現場實錄版本的洛陽橋寶卷。收集時間為 2008 年 4 月 18 日，採集小組前往松陵鎮八坼社區直港村的宣卷班子「時運班」進行現場採訪，芮時龍主唱，朱梅香則擔任下手的現場演唱版本。收錄在《中國·同里宣卷集》中。以下為簡便，提及此一版本洛陽橋寶卷時，稱為「同里卷」。

　　收入在由上海文化出版社所出版的《中國·沙上寶卷集》之中的《蔡狀元造洛陽橋寶卷》，此一洛陽橋寶卷為錦鋒振紅興村范祖福的藏本。以下為簡便，提及此一版本洛陽橋寶卷時，稱為「沙上卷」。

　　收入在《中國·河陽寶卷集》之中的《受生寶卷》，其中所編入的寶卷百分之九十以上是歷年傳抄本，而此一版本的洛陽橋寶卷為港口清水村錢筱彥的抄本。以下為提及此一版本洛陽橋寶卷時，稱為「河陽卷」。

　　常熟寶卷中的《受生寶卷》，為手抄本，抄錄時間為乙亥年，寶卷所有者只留下姓氏「朱」，未知其名字。以下為提及此一版本洛陽橋寶卷時，稱為「常熟卷」。

## 一、洛陽橋寶卷版本簡介

　　本論文所研究的八本論文之中，其中上海惜陰書局所刊印的《繪圖洛陽橋寶卷》，其內容與「哈佛燕京卷」相同，本論文不將二者分別開來，僅以「哈佛燕京卷」作為此版本代表，所以以下將只比對七本洛陽橋寶卷的差異。

　　而對比七本洛陽橋寶卷，包含「無錫卷」、「哈佛燕京卷」、「同里卷」、「沙上卷」、「河陽卷」以及「常熟卷」，便可以瞭解洛陽橋寶卷中的差異情況：

表2：洛陽橋寶卷人物差異對照表

|  | 狀元背景 | 蔡父罪名 | 地獄所見 | 指示人 | 夏得海 |
|---|---|---|---|---|---|
| 「無錫卷」 | 文曲星下凡 | 貪贓枉法 | 父親 | 太白金星 | 錢龍玉女 |
| 「民間卷」 | 父正直清廉故賜其一子 | 不敬神佛 | 胡大賓、王聖良、父親 | 老人 | 上界星辰 |
| 「哈佛燕京卷」 | 父正直清廉故賜其一子 | 不敬神佛不燒香燭 | 胡大賓、王聖良、父親 | 地藏王 | 插香童子 |

| 「同里卷」 | （未提及） | 為官作惡 | 父親 | 觀音 | 菜農 |
|---|---|---|---|---|---|
| 「沙上卷」 | 父正直清廉故賜其一子 | 不敬神佛 | 吳大兵、王聖良、父親 | 老人 | 插香童子 |
| 「河陽卷」 | 父正直清廉故賜其一子 | 不信佛法不敬鬼神 | 吳大彬、王聖良、父親 | 老人 | 天上星宿 |
| 「常熟卷」 | （未提及） | 不顧百姓 | 胡大賓、王聖良、父親、李若君 | 太白金星 | （未提及） |

首先以七本洛陽橋寶卷人物設定去分析，就可以知道這七本寶卷，雖都是以洛陽橋故事做為基礎去發展，但在內容上還是有所差異。例如，光是蔡父的罪名就有兩種截然不同的版本，因此以下會針對這七本洛陽橋寶卷去進行個別劇情分析與特色整理。

### （一）《江蘇無錫卷》──《洛陽橋寶卷》

「無錫卷」收錄在《中國民間寶卷文獻集成·江蘇無錫卷》〔註30〕之中。《中國民間寶卷文獻集成·江蘇無錫卷》中所收錄的寶卷，總共七十八部，都為在無錫地區發現的傳統手抄本，且大部分是宣卷藝人的臺本。〔註31〕

寶卷是集信仰、教化、娛樂三位一體的宗教儀式，為信仰、文化的重要資本，闡述著去惡揚善、虔誠修道的觀念，江蘇無錫寶卷不單有上述寶卷功能，內容保留了蘇州方言、歷史發展以及地區特色。

無錫地區的宣卷儀式較為精簡單調，而佛堂布置精美，主要的宣卷唱腔以傳統的木魚宣卷為主，少有新式唱腔。所宣文本多以敘事類的文學故事寶卷為主。文學故事寶卷大致可以分成兩大類：一、各類「佛市」必須唱的佛菩薩、神道、祝壽等故事卷，二、依據俗文學傳統故事改編的寶卷，俗稱為「大卷」，包含民間傳說故事、戲曲小說、彈詞和唱本所改編的寶卷。「無錫卷」就是屬於由傳統故事改編的大卷。

### 1.《江蘇無錫寶卷》特色

江蘇省無錫市，又稱為「梁溪」，位於長江三角洲的腹地，歷代以來皆處於中國重要交通、文化、經濟之地，因此江蘇的藝術價值也十分具有考究價值。明清以來江蘇地區的崑曲灘簧、彈詞山歌、宣卷說因果、江南絲竹等民間文藝，皆彰顯著無錫文化獨樹一幟的魅力。

〔註30〕車錫倫主編：《中國民間寶卷文獻集成·江蘇無錫卷》，頁1523～1575。
〔註31〕車錫倫主編：《中國民間寶卷文獻集成·江蘇無錫卷》，頁44。

　　無錫地區宣卷和寶卷，屬於環太湖流域以蘇州為中心的民間宣卷和寶卷的一個分支，非常具有地方特色，無錫寶卷的鼎盛時期在清末民初，無錫地區的宣卷先生活躍於鄉村、都市，蔚為興盛，宣卷模式甚至已深深融入無錫地區的人民生活之中。

　　無錫地區的正月、六月、七月為宣卷儀式的旺季，在正月時常會有「做壽」、「請財神」等佛事，在六、七月時農家們為了當地的太平順遂，為農事祈求風調雨順，或者是造橋、修路等事務，舉行群體性的念佛宣卷的「大家佛」儀式。

　　2.「無錫卷」的開卷偈、說白：

> 洛陽橋寶卷始展開　　在堂諸佛喜容顏
> 蔡狀元起造洛陽橋　　靜心細聽英談言
> 此卷出在唐朝唐明皇登位，開科大考，朝選賢才。且說洛陽城內蔡昌之子蔡旭，原是上界文曲星下凡，現在聽得京都開科，辭別父母上京趕考，投宿招商飯店。三場完滿，唐皇把三千考卷挑選，取準蔡旭為頭名狀元。欽賜狀元瓊林筵席，遊街三日，觀賞皇城回衙受職。〔註32〕

「無錫卷」的開卷偈、說白，清楚的交代，卷本當中的故事背景，以蔡旭高中狀元作為開頭。開卷偈直白的說了蔡狀元起造了洛陽橋，而說白的部分，僅圍繞在蔡狀元科舉並且拔得頭籌的經過，關於蔡狀元的家庭背景、起造洛陽橋的契機，皆未提及。

表3：「無錫卷」中的人物及背景設定

| 時代背景 | 唐明皇年間 |
|---|---|
| 主角 | 蔡旭 |
| 主角父親 | 蔡昌 |
| 主角母親 | （未提及） |
| 主角妻子 | （未提及） |
| 主角背景 | 天上文曲星下凡轉世 |
| 婢女姓名 | 梅香 |
| 婢女死因 | 廟中進香時，被馬面搶至陰司為妻 |
| 地獄受刑者 | 蔡昌（蔡父） |

---

〔註32〕車錫倫主編：《中國民間寶卷文獻集成‧江蘇無錫卷》，頁1523。

| 胡大賓罪名 | × |
|---|---|
| 王聖良罪名 | × |
| 蔡昌罪名 | 為官仗勢、作惡多端，陽間行兇作惡 |
| 夏得海背景 | 水府星君系上錢龍玉女 |

### 3.「無錫卷」劇情脈絡

唐明皇欽點蔡旭為狀元郎。蔡旭不願為官，求返鄉侍奉雙親，明皇感其孝心，恩准返鄉。狀元在搭船返鄉途中迷失方向，遇見過世婢女才知道已身處地府。兩人兄妹相稱，馬面招待蔡狀元遊地獄。蔡狀元遊地獄時，見識許多地獄之刑。遊地獄過程中還發現父親正受「騎樑發脊」之刑。蔡狀元得知必須繳交贖銀十兆九萬七千貫才能免除地獄之刑，便向地府庫官張仁借銀贖父罪。蔡狀元返鄉後確認地府所見之事皆為真。蔡狀元怕拖累挪用庫銀的張仁與馬面，籌銀後急欲前往地府還銀，卻尋不著地府入口。此時，遇太白金星化身成老人，告訴蔡狀元陰陽兩界銀兩不通用，建議蔡狀元運用此筆金銀建造洛陽橋，造福百姓。蔡狀元聽之開始造橋。建造至第三十六個環洞時，張魯二位仙師秉告狀元，江心水勢過深洛陽橋無法繼續建造，須請龍王退潮幾日，方能繼續建橋。因此，狀元吩咐公差十日內找能「下得海」之人，一位酒鬼稱自己「夏得海」，並說自己與龍王相識，公差便將其帶回。夏得海酒醒後，跑到海邊不知所措，在海邊哭昏了過去。龍王算出水府星有難，便遣欽差去查，見夏得海昏死過去，便搜其身並將公文帶回。龍王得知狀元要造洛陽橋，便在公文上加上「肚醋」二字。狀元解「肚醋」二字，得知龍王允諾「十一月二十一日酉時」退水，連忙開始準備好造橋的材料。觀音襄助，造橋所需的銀子已漸不足。觀音將木屑灑往海中變成了黃魚，以供工匠食用並化作一名貌美的未亡人在船上招親籌銀。洛陽橋竣工。狀元大喜返家。陰司庫銀短缺，觀音大士以讓洛陽橋為路的托生之人按照六十花甲子分攤歸還補短缺的庫銀之法，讓張、馬二人釋罪。

### 4.「無錫卷」劇情特色

「無錫卷」之中的故事情節與其他版本的寶卷較為不同。首先，蔡狀元的身分被設定為「天上文曲星下凡轉世」，蔡狀元的身分只有在這一版本的寶卷被神格化，其餘寶卷之中，最常見的說法是蔡父本身命中無子，因為人正直、為官清廉，上天故賜其一子。

「無錫卷」中，夏得海的背景也最特別，在洛陽橋寶卷之中，夏得海最常見的設定為玉皇大帝身旁的插香童子，因為調戲嬉笑玉女而被處罰下凡。但是在「無錫卷」中的夏得海角色背景被設定為「水府星君系上錢龍玉女」，也讓後來夏得海在呈交檄文的情節之中，是由龍王事先算出水府星君有難，而主動前去幫助夏得海化解危機。

### （二）《民間寶卷》──《洛陽橋寶卷》

「民間卷」收入於《中國民間文獻集成・民間寶卷》〔註33〕。《中國民間文獻集成・民間寶卷》共有二十冊，收錄了許多在民間廣為傳唱的寶卷文本，其中第十七冊就有收入以民間故事改編而來的《洛陽橋寶卷》。

#### 1.《民間寶卷》特色

寶卷乘載了許多民間宗教的經典，宣傳的教義思想，雜揉了佛教、道教等信仰，也將許多廣受人民百姓喜愛的詞、曲、戲文、傳說故事等融入其中，不僅宣講寶卷的宣卷先生是以虔誠的情感態度在宣揚寶卷，就連大多數的聽眾也抱持的莊重虔誠的心情去聽寶卷宣講，除此之外，寶卷中許多摻雜了宗教、修行的生動故事，也讓百姓單調的生活有了新的刺激，並且被寶卷當中所闡揚的教義所感動，讓聽眾的精神上獲得慰藉，因此寶卷受到大眾的歡迎。

《中國民間文獻集成・民間寶卷》內包含目前海內外公司藏元末明初以來的寶卷，大約有一千五百餘種，版本五千多中。其中，大部分都是講述佛教、道教故事，民間傳說，戲曲故的寶卷，且多為手抄本，專講民間宗教教義思想的寶卷則只占少數，約百餘種。〔註34〕

#### 2.「民間卷」的開場說白

> 且說唐太宗朝內，有個忠臣，姓蔡名昶。官居大學士，夫人戚氏，
> 應該無子，玉帝憐他忠心治國，賜他一子，取名蔡項。生得伶俐聰
> 明，娶妻寶氏。因為因為蔡昶不信神明，後有惡病之罪報矣。〔註35〕

「民間卷」的開場說白，是以蔡狀元的父親──蔡昶，做為主題，進行說明。將蔡父的生活年代、個性、家族、罪名，都一一交代清楚。反而對主角蔡狀元的描述就較簡單，僅簡單的說明其天資聰敏以及已經成親等訊息而已。

---

〔註33〕周燮藩主編：《中國民間文獻集成・民間寶卷》第十七冊。
〔註34〕周燮藩主編《中國民間文獻集成・民間寶卷》第一冊（合肥：黃山書社，2005年），頁5。
〔註35〕周燮藩主編：《中國民間文獻集成・民間寶卷》第十七冊，頁446。

表4：「民間卷」中的人物及背景設定

| 時代背景 | 唐太皇年間 |
|---|---|
| 主角 | 蔡項 |
| 主角父親 | 蔡昶 |
| 主角母親 | 戚氏 |
| 主角妻子 | 竇氏 |
| 主角背景 | 蔡昶清廉，玉皇大帝特賜一子 |
| 婢女姓名 | 梅娥 |
| 婢女死因 | 重病而亡，年十九 |
| 地獄受刑者 | 胡大賓、王聖良、蔡昶（蔡父） |
| 胡大賓罪名 | 胡大賓在陽間與李君若合夥開店，霸佔營利，被李君若告到城隍廟。因此被帶到陰司行火刑（陽世病體）三日。 |
| 王聖良罪名 | 在陽間開酒店。 |
| 蔡昶罪名 | 不信神明 |
| 夏得海背景 | 上界星辰，因調戲了玉女而被降至人間 |

### 3.「民間卷」劇情脈絡

　　蔡項被唐太宗欽點為狀元郎，遊街慶祝了三日。蔡項秉告皇上自己不願為官，只想返鄉侍奉雙親，但是在搭船返鄉途中迷失方向。後來遇見家中過世婢女，才知道自己已經身處地府。婢女為將蔡狀元帶回家中安置，兩人遂以兄妹相稱。後與婢女丈夫馬面相見，蔡狀元央求馬面帶自己去遊地府。狀元在地府看見胡大賓、王聖良因為在陽間做惡，因此受地獄刑罰。後來蔡狀元遊地府時，懷疑一位正在地獄受「騎樑發脊」之刑的老人是父親。遂請求馬面幫忙調查受刑者身分並確認是父親。蔡父因不敬神明受刑罰，必須繳交贖銀十兆九萬五千四十八貫才能免除地獄之刑，狀元便向地府庫官張順借銀贖父罪。蔡狀元返鄉向父親、胡、王打探並且確認地獄受刑之事為真。便急前往地府還銀，卻尋不著地府入口。一老人建議蔡狀元運用此筆金銀建造洛陽橋，造福百姓。蔡狀元聽之開始造橋。蔡狀元廣招天下名匠起造洛陽橋。包含張魯二位仙師。費用需三十兆九萬七千貫且動工之時需祭橋神戒葷腥。建造至第三十六個環洞時，張魯二位仙師秉告狀元，江心水勢過深洛陽橋無法繼續建造，需尋得「下得海」之人。一位酒鬼稱自己為「夏得海」，公差便將其帶回。

　　夏得海酒醒後，得知自己承接了自己無法達成的任務後，便在海邊哭昏了

過去。龍王聽聞岸上有哭聲便遣欽差去查，只見夏得海昏死過去，便搜其身並將公文帶回。龍王得知狀元要造洛陽橋，便在公文上加上「肚醋」二字。狀元解「肚醋」二字，得知龍王允諾「十一月二十一日酉時」退水。除此之外，蔡狀元造橋所需的銀子已漸不足，工人也因為糧食不足而累倒。因此，觀音便將木廢變成了蝗魚，以供工匠食用並化作一名貌美的未亡人在船上招親籌銀。洛陽橋竣工。觀音大士說情讓張、馬二人釋罪。蔡狀元進京覆命，只為夏得海求得翰林官職。自己返家拜見雙親。

### 4.「民間卷」劇情特色

在七本寶卷之中，就屬於「民間卷」為夏得海安排的結局最為特別。在其他的卷本裡，大多安排夏得海在得到蔡狀元賞賜的銀兩後，就會開心地離去，或者是在結局的時候，也跟著蔡狀元一起念佛，最後得道昇天。但是「民間卷」之中安排蔡狀元自己辭官後，卻推薦了夏得海去擔任翰林官職，在七本寶卷之中，唯獨只有「民間卷」的夏得海最後竟然跑去擔任官職。

### （三）《哈佛燕京寶卷》——《新刻洛陽橋寶卷》

「哈佛燕京卷」收錄於《美國哈佛大學哈佛燕京圖書館藏寶卷彙刊》之中。這一個版本的洛陽橋寶卷為民國十八年時朱明孝捐資敬刊並且由浙杭省的瑪瑙經房所出版的印刷本。

這批《哈佛燕京寶卷》大多數為哈佛大學韓南教授所贈與，韓南總共捐贈了寶卷 74 種，111 冊。這些寶卷的來源為韓南教授在 1957～1958 年於北京時，由隆福寺書店幫忙打聽、收集而來的，而這批卷本多為五十年代寶卷流通的石印本居多，地區包含河北、山西、甘肅、江蘇等地，蘊含了豐富多元的文化以及歷史訊息。

### 1.《哈佛燕京寶卷》特色

除了寶卷的發源地中國，近年在許多國家也都陸續地出現對於寶卷的研究。各地關於寶卷研究的出版物數量也不斷攀升，因此卷本的收集非常關鍵，美國哈佛大學燕京圖書館收藏了從明代到民國的寶卷，共 86 種，124 冊。

在《美國哈佛大學哈佛燕京圖書館藏寶卷彙刊》中，主編霍建瑜提出了七點《哈佛燕京寶卷》的特色：一、核對所有寶卷書目，未見著錄之寶卷。二、核對所有寶卷書目，未見著錄該版本之寶卷。三、明代無為教主羅清「五部六冊」齊全。四、存清初抄本。五、從題名變化可見由「經」向「卷」的發展。

六、從文本所反映出的「經、咒、卷合刻」，可知「經」、「卷」的演變、融合過程。七、同名不同版本的寶卷，便於文本比較。〔註36〕

### 2.「哈佛燕京卷」的開卷偈、說白

先淨壇場　開卷舉讚

洛陽寶卷初展開　諸佛菩薩降臨來

不信念佛燒香燭　必做為官清正明

本該無子絕後代　可惜一個大忠臣

玉皇賜他一個子　取名蔡頊一書生

娶媳竇氏良家女　如花似水過光陰

不宣前朝并後代　且宣告老一忠臣

且說蔡昶，告老還鄉，在家清閒自在，所說他那家中有一個使女，

名叫梅娥，即是竇氏房中的使女，年方一十九歲，不料得下了疾病

而亡，雖則是一個丫嬛，到生得十分美貌也。〔註37〕

在「哈佛燕京卷」的開卷偈當中，強調蔡狀元父親形象。蔡父是一位正直好官，但不敬神明。在開卷偈之中，雖然是以蔡父為主，作為寶卷故事的開頭，但並沒有說明蔡父的姓名，是到說白的部分才有蔡父名字的出現。而開卷偈後面的說白部分，「哈佛燕京卷」將重點放在梅娥的身上。在「哈佛燕京卷」的開卷偈與以及第一段說白中，對洛陽橋寶卷的主角，蔡狀元著墨較為缺乏。

表5：「哈佛燕京卷」中的人物及背景設定

| 時代背景 | 唐太宗年間 |
|---|---|
| 主角 | 蔡頊 |
| 主角父親 | 蔡昶 |
| 主角母親 | （未提及） |
| 主角妻子 | 竇氏 |
| 主角背景 | 蔡昶清廉，玉皇大帝特賜一子 |
| 婢女姓名 | 梅娥 |
| 婢女死因 | 重病而亡，年十九 |
| 地獄受刑者 | 胡大賓、王聖良、蔡昶（蔡父） |

〔註36〕霍建瑜主編：《美國哈佛大學哈佛燕京圖書館藏寶卷彙刊》，頁18～23。
〔註37〕霍建瑜主編：《美國哈佛大學哈佛燕京圖書館藏寶卷彙刊》，頁566。

| 胡大賓罪名 | 胡大賓在陽間與人合夥開店，霸佔營利，被罰火刑（陽世病體）三日。 |
|---|---|
| 王聖良罪名 | 流連酒店，作賤米漿 |
| 蔡昶罪名 | 不信佛法不敬神明 |
| 夏得海背景 | 玉皇殿前插香童子，因戲笑了玉女被罰至人間 |

### 3.「哈佛燕京卷」劇情脈絡

蔡昶是一位忠臣，辭官告老還鄉，享受清閒，本來命中無子，但玉帝憐憫特意賜蔡昶一子，取名蔡頊。蔡頊長大成人後，告別雙親進京趕考後被欽點為狀元郎。但是蔡頊不願為官，求皇上允許自己返鄉侍奉雙親，搭船返鄉途中迷路，向一位老人問路，才知道自己來到了貴州陰陽界。停靠小村莊時見一女子為家中過世婢女。兩人以兄妹相稱。遊地府時見胡、王二人。蔡狀元懷疑在地獄受「騎樑發脊」之刑的老人是父親。請求馬面幫忙調查受刑者身分並確認是父親。原來蔡父因不敬神明受刑罰，必須繳交贖銀十兆九萬五千八百貫才能免除地獄之刑，蔡狀元便向地府庫官張順借銀贖父罪。蔡狀元返鄉確認地獄之事為真，便急忙籌銀前往地府還銀，但是尋不著地府入口。蔡狀元還銀未果，地藏王化身成為一位老人建議蔡狀元運用此筆金銀建造洛陽橋，造福百姓。蔡狀元因此廣招天下名匠起造洛陽橋。包含張班魯班二位仙師。費用需三十兆九萬七千貫且動工之時需祭橋神戒葷腥。建造至第三十六個環洞時，張魯二位仙師秉告狀元，江心水勢過深洛陽橋無法繼續建造，狀元頒布賞令「下得海」之人，一位酒鬼稱自己「夏得海」，公差便將其帶回。後來夏得海酒醒後，不知所措在海邊哭昏了過去。龍王聽聞岸上哭聲便遣海兵前往察看，只見夏得海昏死過去，海兵便搜夏得海身，然後發現公文並將公文帶回。龍王得知狀元要造洛陽橋，便在公文上加上「肚醋」二字。狀元解「肚醋」二字，得知龍王允諾「十一月二十一日酉時」退水。造橋所需的銀子已漸不足。觀音將木廢灑往海中變成了蝗魚，以供工匠食用。洛陽橋七十二環洞皆順利完工。觀音大士說情讓張、馬二人釋罪。最後，蔡狀元、夏得海皆不願為官，從此蔡、夏家虔心修道。最後蔡家一門皆昇天，夏得海也得以重返天庭。

### 4.「哈佛燕京卷」劇情特色

「哈佛燕京卷」將蔡狀元前往地府還銀未果而遇上的老人設定為地藏王。另外，夏得海除在「同里卷」中有真的去到龍宮，其餘都是一陣酒醒後，糊裡糊塗地就完成了任務，在面對蔡狀元詢問龍宮景致時，都只好胡謅，但夏得海最後也都得到了獎賞開心離去，只有「哈佛燕京卷」的夏得海在向蔡狀元說龍

宮的所有事物皆是水晶做成的時候，蔡狀元並未信服，而是暗想「狀元聽他說胡話，此人好似是痴人」，也因此在「哈佛燕京卷」當中的夏得海並未獲得任何的賞銀。另外，「哈佛燕京卷」還有一個很大不同地方是在造橋銀兩短缺，觀音前來相助的情節裡，此一版本的觀音，並未化身美女招親籌措金銀，而是只有將廢木屑灑往江海並將其化成鱗魚供工匠們食用，解決了食物短缺的困難。

## （四）《同里宣卷》──《洛陽橋》

「同里卷」收錄在《中國·同里宣卷集》。「同里卷」為 2008 年 4 月 18 日時，由松陵鎮八坼社區直港村的宣卷班子「時運班」進行現場採訪，芮時龍主唱，朱梅香則擔任下手的現場演唱版本。

《中國·同里宣卷集》是一本很特別的寶卷集本，內容收錄的是宣卷班在進行宣卷儀式的實際演出紀錄。

### 1.《同里宣卷》特色

《同里宣卷》，又可稱為《吳江宣卷》，由具有「宣卷之鄉」吳江市同里鎮為中心，拓及其四周為城鎮鄉村，發展出一種及具有民族傳統特色的古老民間說唱藝術。同里鎮的地理位置十分獨特，為一座古老的江南古城，位於太湖之濱，而且四面臨水，地理交通位置十分優越，水陸往來發達，也因同里鎮獨有的江南水鄉之貌，為當地建立了深厚的人文底蘊，作為音樂、說唱、表演、文學集四位一體又同時兼具信仰娛樂功能的宣卷儀式，自然廣受人民的喜愛，但凡節日慶典、生兒祝壽、嫁娶婚事等當地百姓都會習慣邀請宣卷藝人到場宣唱寶卷。

同里宣卷的發源，據當地宣卷藝人許維鈞、閔培傳的口述，可追溯到明末清初，而在清代之時，同里地區就已經有木魚宣卷在傳唱，至清末民初道地的宣卷已經十分盛行了，且同里宣卷發展至後期，可以分成兩大類：一、木魚宣卷。二、絲弦宣卷。而同里宣卷儀式最活躍的時期為十九世紀的三零到四零年代，至今仍有宣卷儀式持續在當地進行演出，《中國·同里宣卷集》中就是採錄、收集了當地的宣卷儀式，進而整理出了二十五篇長篇宣卷。特別的是《中國·同里宣卷集》中所收錄的篇章，是直接將宣卷班的演出給記錄下來，宣卷者一來一往，有口說以及對白，例如：「同里卷」中觀音襄助狀元籌措造橋費用的片段：

【唱】誤差半分毫，半塊橋是足足夠。

【表】那麼說——

【白】狀元公啊，還有半塊橋格費用差勿多哉，我要辭別倷狀元公

回去了。

【白】多謝姑娘！

【表】一想，姑娘倷哪哈勿搭我講埃，那如搭格仙人？倷如搭格仙

山？如搭格洞府啊？講麼勿敢講，終歸肚皮裡一團疑問。勿曉得歇

得一歇歇，格搭兵丁儕聽勿著埃，上頭格姑娘倒勒浪講閒話。〔註38〕

從此片段可知《中國・同里寶卷集》除了是宣卷藝人現場表演的紀錄本之外，
其中語言保留了大量的地方土語，非常具有地區風格特色。另外，吳江地區同
里宣卷還有一個特點，就是絕大數的宣卷班子演唱時並沒有宣卷本子，演出時
的內容完全憑藉著記憶與即興發揮，就算宣卷藝人面前擺放了宣卷本，但宣卷
班子在演出的過程中很少甚至是根本不會去看卷本內容，因此造成宣講出來
的內容常常與底本劇情有著很大的出入。

## 2.「同里卷」的卷前曲

八仙過海浪淘淘，

王母么輕步獻蟠桃。

今朝伲吳府浪像真熱鬧

誠誠心心睒睒貢堂格靈老爺。

保太平、保健康、保順當，請台宣卷吳府娘。

懇求老爺保祐吳府娘向都順當。

本堂老爺威望高，

四方香客來仔真勿少。

請大家攏只凳子身坐好，

靜聽我宣卷勤吵鬧。

勿是我嚕裡嚕蘇瞎嘮叨，

如果大家聲音忒囉唝，

喉嚨實在喊勿高，

請大家多多原諒來幫忙。

---

〔註38〕俞前主編：《中國・同里宣卷集》，頁303。

丢下閒話一邊拋，

虱脫閒文正卷唱。

我今朝識別本寶卷都勿唱，

宣一本孝子卷蔡狀元造洛陽橋。〔註39〕

從「同里」的卷前曲來看，可以知道這是一本記錄表演的底本，內容中也只是
宣卷前的儀式詞，邀請歡迎聽眾並且說明今日要宣講的主題，而並沒有講述到
關於洛陽橋寶卷的內容以及細節。

表6：「同里卷」中的人物及背景設定

| 時代背景 | 唐太宗年間 |
|---|---|
| 主角 | 蔡旭 |
| 主角父親 | 蔡昌 |
| 主角母親 | 趙氏 |
| 主角妻子 | 未成親 |
| 主角背景 | 蔡父蔡母無子，向觀音求得一子 |
| 婢女姓名 | 梅娥 |
| 婢女死因 | 與蔡旭情投意合，蔡父蔡母拆散二人，並將梅娥殺害 |
| 地獄受刑者 | 蔡昶（蔡父） |
| 胡大賓罪名 | × |
| 王聖良罪名 | × |
| 蔡昶罪名 | 罪大惡極、欺騙、盤剝窮人 |
| 夏得海背景 | 一般菜農 |

### 3.「同里卷」劇情脈絡

蔡旭於家中告別雙親進京趕考後被欽點為狀元郎。蔡父病重，太宗賜恩准
蔡狀元返鄉照顧病父一年。回程時蔡狀元的官船至洛陽湖忽遇大霧，誤入陰陽
湖來到了地府。蔡狀元見情人婢女梅娥，才知梅娥已被父母狠心殺害。情人重
逢，無奈梅娥已許配崔判官，兩人只好以兄妹相稱。為送蔡狀元回陽間，崔判
官帶狀元遊地府。後來蔡狀元發現正在地獄受「騎樑發脊」之刑的老人是父親。
原來蔡父因作惡多端受刑罰，必須繳交贖銀十萬零四十八貫才能免除地獄之
刑，蔡狀元便向崔判官借銀贖父罪。蔡狀元向家人敘述地獄所見之事，蔡父自

---

〔註39〕俞前主編：《中國‧同里宣卷集》，頁271。

覺罪孽深重，痛改前非。蔡狀元籌銀後急前往地府還銀，卻尋不著地府入口。化身為村姑的觀音建議蔡狀元運用此筆金銀建造洛陽橋，造福百姓，並由皇帝頒布一道造橋聖旨。狀元廣招天下名匠起造洛陽橋。洛陽江水深無法打樁。狀元頒布賞令一千金尋找「下得海」之人，一位菜販「夏得海」前來應徵。夏得海知曉任務後自覺此行有去無回，便開始跟妻子丁萍話別並交代生後事。夏得海潛入海中，本來已無氣息，龍王憐其年紀尚輕、個性老實、家有妻小，灌夏一口龍氣，使其清醒。後龍王在蔡狀元的公文上批示了「肚醋」二字，並且賜予夏得海「分水珠」讓夏得海順利返回陸地。後來，蔡狀元造到第三十六環洞時銀兩不足，觀音化作一名貌美的年輕姑娘在船上招親，幫忙籌措金銀。洛陽橋竣工，解救了天下「產婦之苦」蔡狀元封吏部之職，二品封疆。娶妻生三子二女，五子登科。

### 4.「同里卷」劇情特色

在本論文所研究的洛陽橋寶卷範疇內，就屬於紀錄現場宣卷表演的「同里卷」最為不同，首先在其他版本的寶卷之中，後成為馬面妻子的婢女就單純只是蔡家丫鬟的身分，只有在「同里卷」婢女梅娥與蔡狀元是情侶關係，並且是被蔡父蔡母殘忍殺害，才由閻王作主許配給了陰間判官。在卷本裡增添了許多蔡狀元與梅娥彼此互訴情腸的片段，尤其在蔡狀元得知梅娥以往生，兩人天人永隔之時，彼此淚眼婆娑的道別，更是將二人之情感刻劃的深刻。

再來，「同里卷」裡的蔡狀元與「江蘇無錫卷」相同在地府之中並未遇到胡大賓、王聖良等人，雖然蔡狀元在地府之中沒有遇到同鄉胡、王二人，但在「同里卷」中遊地府的片段，卻有了一些其他寶卷版本之中所沒有的獨特設定，例如：一、崔判官並未宴請蔡狀元，因為此寶卷設定「食陰間食，成陰間人」。二、地獄之中有四位判官——風判官、火判官、善判官、惡判官去執掌判定人們罪刑。三、對於地獄的刑罰準則交代的較為詳細，例如犯了偷竊之罪就會遭受斬餅地獄、陽間為娼死後入血汙池、搬弄口舌會被拔舌頭、淫亂之罪會被鉅解、罪大惡極者則是要入油鍋地獄等，對於地獄之刑有著十分明確的定義。

三，當蔡狀元在建造洛陽橋時，其餘寶卷版本皆對洛陽橋的七十二環洞有著非常詳細的介紹，例如「民間卷」的造橋片段：

第一環洞來造起　百鳥啣柴來做巢
第二環洞來造起　百羊嘴裡啣青草

> 第三環洞來造起　　石鶯石馬石飛禽
> 日間石鶯來啼聽　　夜間石鳳自然鳴
> 第四環洞來造起　　石雞石鴨在橋亭
> 石鴨將中來遊水　　石雞相鬥像輸贏
> ……
> 七一環洞來造起　　夢清誠心得佛祖
> 七二環洞來造起　　菩薩雲端蓮花座〔註40〕

而「同里」第一個環洞到第三十六環洞直接被省略，只在卷本尾聲時簡單提到「有仔銅鈿繼續開工，從三十七環洞造到七十二環洞完成。」

　　四，「同里卷」中的夏得海是所有洛陽橋寶卷之中唯一有真正去到龍宮的人，在「同里卷」中將夏得海這一角色設定的更為詳細，其原來的身分只是一介普通菜農，聽聞蔡狀元貼公告尋人，並且賞金一千兩，就前來應徵，而蔡狀元只聽其名為「下得海」便錄取。夏得海聽到任務後，想反悔卻來不及了。確定要前往龍宮呈公文後，內心焦急，於是開始跟妻子丁萍話別並交代生後事。夏得海入江後，本來已無氣息，被蝦兵蟹將抬進龍宮後，龍王憐其年紀尚輕、個性老實、家有妻小，因此灌了一口龍氣，夏得海這才清醒過來。可見夏得海在「同里卷」中，不但一改滑稽性格，還有了妻子，甚至連妻子的名字都被清楚的設定出來，而且扎實地完成到龍宮的任務，絲毫沒有任何一點投機取巧的成分，屬於洛陽橋寶卷中非常獨特的設定。

　　而在觀音襄助的情節，「同里卷」則捨去了觀音將木廢變成黃魚解決工匠食物短缺的劇情，只有觀音化身美女招親的情節而已。

### （五）《沙上寶卷》──《蔡狀元造洛陽橋寶卷》

　　「沙上卷」收入在由上海文化出版社所出版的《中國‧沙上寶卷集》之中。此一洛陽橋寶卷為錦鋒振紅興村范祖福的藏本。現今在沙上地區共留下了四百零七卷寶卷文本，多為傳抄本，《中國‧沙上寶卷集》總共收錄了此區一百零二卷，其中70％是河陽寶卷所沒有的。

#### 1.《沙上寶卷》特色

　　「沙上」二字，為一種地理區域的習慣叫法，從長江上游大量的泥沙沖積而下而形成了眾多的小沙洲，在並連成一塊沿江陸地，經過幾代的人民遷徙至

---

〔註40〕周燮藩主編：《中國民間文獻集成‧民間寶卷》第十七冊，頁454。

此，陸陸續續在此築堤、造田，才逐漸壯大，成為今日所見的「沙上」。而「沙上」還可以分成有數百年歷史的德積、晨陽、大新等城鎮組成的老沙地區，以及僅有一百多年歷史的三興、錦豐、南豐等地的新沙地區。無論老沙還是新沙，此地的居民皆是由外來地移居，且多來自靖江、江陰、如皋、崇明島、海門等地，也因此各地的寶卷隨著人民，隨著沙上地區的富庶，被帶進的沙上地區，後來甚至發展出了自己鮮明的特色。

　　長江下游的吳語地區為寶卷的「宣卷」、「講經」等活動主要之地，其中又以靖江、張家港、江陰等市興盛，目前在張家港就可以發現一百多種寶卷抄本和印本，而現今在沙上地區共留下了四百零七卷寶卷文本，多為傳抄本，《中國・沙上寶卷集》總共收錄了此區一百零二卷，其中 70％是河陽寶卷所沒有的。陶思炎在《中國・沙上寶卷集》中提出作文非物質文化遺產的沙上寶卷有以下幾點基本特徵：一、品類齊全，文體多樣。二、內涵豐富，入世樂生。沙上寶卷的內容涉及了史事傳說、戲文故事、人文傳奇、神佛故事、世間俗事，而這些故事的卷本都是勸善懲惡、樂生入世。三、方言特色，語言明快。沙上地區所收集到的卷本之中常使用的語言是當地所特有的「老沙話」以及「常陰沙話」，也有許多從外地傳流至沙上的寶卷文本多處被改寫成了沙上方言，非常具有民間口頭文學的特徵。四、文本珍稀，活態傳承。在蒐集、整理沙上地區的寶卷，有這此地發現許多其他地區從未見過的卷本，如《天作之合寶卷》、《後娘寶卷》、《姊妹相換寶卷》、《游四城堡卷》等十五種。

　　沙上寶卷的類型，大致可以分成三大類：一、故事傳說本，講述勸人為善、念經修行的民間故事，所占比例最高，如《延壽寶卷》、《黃糠寶卷》、《珍珠塔寶卷》、《目連三世救母寶卷》等。《蔡狀元造洛陽橋寶卷》在沙上寶卷中就屬於故事傳說本。二、道教傳說本，為佛道本生如何修行成佛成神的故事，如《大香山寶卷》、《徐妙英寶卷》、《玉皇寶卷》等。三、經義儀式本，此為在民眾家裡解厄障、度關煞、驅邪祈求平安的卷本，如《請送佛燈科》、《造蓮船結緣寶卷》、《請送荷花》等。

### 2.「沙上卷」的開卷偈

　　先淨壇場　　開卷舉讚

　　受生寶卷初展開，諸佛菩薩坐蓮壇。

在堂大眾齊聲賀，齋主增福免三災。〔註41〕

「沙上卷」的開卷偈，非常的簡短，內容也沒有提到關於洛陽橋故事的資訊，僅簡單的提到要宣講的卷本為「受生寶卷」而已。

表7：「沙上卷」中的人物及背景設定

| 時代背景 | 唐太宗年間 |
|---|---|
| 主角 | 蔡旭 |
| 主角父親 | 蔡昶 |
| 主角母親 | 戚氏 |
| 主角妻子 | 竇氏 |
| 主角背景 | 蔡昶為官清正、精忠報國，上帝特賜一子 |
| 婢女姓名 | 梅娥 |
| 婢女死因 | 急病身亡，年十九 |
| 地獄受刑者 | 吳大賓、王聖良、蔡昶（蔡父） |
| 吳大賓罪名 | 吳大賓在陽間與李君石合夥開店，霸佔營利，盤剝算計他人，被罰火刑（陽世病體）三日。 |
| 王聖良罪名 | 在陽間開酒店。 |
| 蔡昶罪名 | 從不念佛，不敬三寶 |
| 夏得海背景 | 玉皇揀香童子，因戲笑了玉女被罰至人間 |

3.「沙上卷」劇情脈絡

　　蔡旭帶著僮僕，告別妻子進京趕考，後來高中狀元，被欽點為狀元郎。蔡旭在京為官一年後，思念家中父母與妻子，便上奏請求返鄉侍奉雙親，皇帝感其孝心，恩准蔡狀元暫時回鄉侍奉雙親。蔡狀元回程迷途向一老人問路，才知來到了貴州陰陽界並在陰間遇見家中過世婢女。蔡狀元與婢女兩人以兄妹相稱還結識了婢女的丈夫馬面。蔡狀元央求馬面帶自己去遊地府，還在地獄看見了吳、王二人受刑罰。後來蔡狀元懷疑在地獄受「騎樑發脊」之刑的老人是父親。後經過馬面查證，原來是因為蔡父不敬神明受刑罰，必須繳交贖銀十兆九萬五千四百十八貫才能免除地獄之刑，狀元便向地府庫官張順借銀贖父罪。蔡狀元返鄉時，馬面叮囑蔡狀元在船上時需緊閉雙目，方能順利回到陽間。蔡狀元抵家後，向父親、吳、王打探確認地獄之事為真，怕拖累馬面，蔡狀元急前

〔註41〕張芳主編：《中國‧沙上寶卷集》，頁407。

往地府歸還所借銀兩。但是陰陽兩隔，蔡狀元還銀未果，一位老人建議蔡狀元運用此筆金銀建造洛陽橋。蔡狀元便廣招天下名匠起造洛陽橋。造橋費用需三十兆九萬七千貫且動工之時（二月十二日酉時）需戒葷腥。建造至第三十六個環洞時，江心水勢過深洛陽橋無法繼續建造，需尋得「下得海」之人。一位酒鬼稱自己「夏得海」，公差便將其帶回。夏得海在酒醉時承接了任務，因此酒醒後，便在海邊哭昏了過去。龍王聽聞岸上哭聲便遣手下前去調查，龍王因而得知狀元要造洛陽橋，便在蔡狀元所寫的公文上加上「肚醋」二字。狀元智解「肚醋」二字，得知龍王允諾「十一月二十一日酉時」退水。後因造橋所需的銀子已漸不足，觀音前來襄助，便將木廢灑往海中變成了蝗魚，以供工匠食用。洛陽橋竣工。觀音大士說情讓張、馬二人釋罪。蔡家一眾從此修道信佛。

### 4.「沙上卷」劇情特色

「沙上卷」劇情設定並沒有特別獨特之處，但在人名以及細節上做了些許的更動，如胡大賓成了吳大賓，李君若變成了李君石，此一差異，應是卷本在傳抄時所發生的錯誤。另外就是在「無錫卷」、「民間卷」以及「同里卷」中並沒有設定洛陽橋起造的時間，但在「沙上卷」之中，則是很明確地將洛陽橋開工的時間點為二月十二日酉時給明確設定下來：

> 魯班道：「要到二月十二日酉時百花昇日落樁，才是黃道吉日。」
> 二月十二春光好，落樁砌造洛陽橋。
> 有勞兩廂費費心，喊起夯調造橋亭。
> 砌那由也造橋洞，依呀呀得喂呀呀。〔註42〕

## （六）《河陽寶卷》——《受生寶卷》

「河陽卷」收錄於《中國・河陽寶卷集》。而《中國・河陽寶卷集》則收錄一百六十多本寶卷，包含隸屬在民間故事傳說卷講述蔡狀元造洛陽橋的《受生寶卷》。收入在《中國・河陽寶卷集》的寶卷中，其中所編入的寶卷百分之九十以上是歷年傳抄本，而此一版本的洛陽橋寶卷為港口清水村錢筱彥的抄本。

### 1.《河陽寶卷》特色

在張家港境內，有一座名為「河陽」的山，此河陽山蘊含著久遠的歷史與文化，內部具有許多名勝古蹟，一直為河陽山附近居民的生活中心，而結合風

---

〔註42〕張芳主編：《中國・沙上寶卷集》，頁412。

俗、文化的說唱宣卷也在此盛行，甚至成為當地共同的民間文化傳統，因此，在當地所流傳的寶卷就被稱為「河陽寶卷」。

《河陽寶卷》是以河陽山為中心點，並且流傳於於江蘇省張家港市南部地區的講唱文學。《河陽寶卷》具有非常明顯的地方特色以及民俗風情，語言方面常可以看到《河陽寶卷》以吳語當中的虞西方言寫成以及宣唱，當地的宣卷多於農閒之時進行，有許多對於大自然的敬重與崇尚，甚至出現了運用擬人手法以「花、鳥、魚、蟲、獸」等作為主角來反映社會、世俗的寶卷，如《小豬卷》、《螳螂做親》、《花名寶卷》等。

《河陽寶卷》的形式，大致可以分成三種類型：一、全唱本，整本卷本皆是唱詞。二、唸唱本，此類型主要為道教經義儀式卷本，經文以念的方式進行，韻文則以唱的模式進行。三、講唱本，此類型文本在《河陽寶卷》佔了多數。進行講唱時，內容的唱詞是不能變更的，但相對而言，「講」的部分就允許宣卷者少量的自由發揮，由宣卷人在講唱時修改而被記錄並且修改而生，這也造成同題目的卷本之間常常有些細節上的差異。《河陽寶卷》進行宣唱時，因受到絲竹宣卷的影響，儀式中常出現胡琴、笛子、笙、響板等樂器進行宣卷伴奏，整體是逐步走向娛樂化以及世俗化。

《河陽寶卷》內容揉合進了佛、道、儒三種思想，以內容來看語許多地方的寶卷相同，大致上可以分成三大類：一、闡述講述佛語道本生故事的佛道傳說本。二、以貼近人民生活的故事，闡述因果報應、念佛修道、揚善抑惡等觀點的民間故事傳說本。三、多用於延壽、消災、驅邪、祈願、保太平等時候所講唱的道教經義本。目前保留下來的河陽寶卷有七百多卷，其中百分之九十以上是歷年傳抄本，以及少量的刻印本，此些複印本主要出現在清末民初時期，多由上海、蘇州、無錫、杭州等地刻印，近年來又發現了複印本。《河陽寶卷》中有許多未收錄在《寶卷總目》、《寶卷綜錄》、《中國寶卷總目》等寶卷總目中未見的作品。如《郭巨孝子寶卷》、《八寶山保卷》、《十房媳婦寶卷》等。

## 2.「河陽卷」的開卷偈

受生寶卷初展開　　諸佛菩薩坐蓮壇
善才龍女兩旁立　　八洞神仙一同來
今日齋主修繕會　　弟子佛前把經開
奉請大眾彌陀念　　消災消難壽延年
　且說唐朝年間，太宗皇帝登位。朝內有一個大臣，姓蔡名昶，居大

學氏之職，夫人戚氏。蔡昶一生為官清正，大公無私，盡忠報國。蔡昶命中無子，上帝哀憐他心地善良，為人正直，賜他一子，取名蔡旭，聰明伶俐，文才淵博。取妻竇氏，多情賢慧。再表蔡昶一生不信佛法，不敬三寶，故而罰他地獄受苦。他兒子考試回家，在陰間遇著父親受苦，所以借了陰債，總無還處。故而蔡旭把這筆銀子，造了一座洛陽橋，流傳到如今。四方百姓常常要懷念著他。〔註43〕

「河陽卷」的開卷偈非常短小，內容僅僅提到要開經念卷，甚至連儀式中是要宣講哪一部底本都沒有說明。但到了第一段的說白，「河陽卷」就直接將整個洛陽橋故事簡略的說了一遍，從開頭到結局，蔡狀元遊地獄，蔡狀元起造洛陽橋的原因，都有簡略的提及。

表 8：「河陽卷」中的人物及背景設定

| 時代背景 | 唐太宗年間 |
|---|---|
| 主角 | 蔡旭 |
| 主角父親 | 蔡昶 |
| 主角母親 | 戚氏 |
| 主角妻子 | 竇氏 |
| 主角背景 | 蔡昶為官清正、大公無私，上帝特賜一子 |
| 婢女姓名 | 梅娥 |
| 婢女死因 | 重病而亡，年十九 |
| 地獄受刑者 | 吳大彬、王聖良、蔡昶（蔡父） |
| 吳大彬罪名 | 吳大彬在陽間與人合夥開店，霸佔營利，被告到城隍廟。 |
| 王聖良罪名 | 陽間開酒店。 |
| 蔡昶罪名 | 不信佛法不敬神明 |
| 夏得海背景 | 玉皇殿前插香童子，因嬉笑了玉女被罰至人間 |

3.「河陽卷」劇情脈絡

忠臣蔡昶告老還鄉，安閒過日。一日，蔡昶家中婢女病重身亡。後來蔡昶得一子，取名蔡旭。蔡旭天資聰穎，科舉後被欽點為狀元郎。蔡旭不願為官，求返鄉侍奉雙親，卻在返鄉途中，意外來到了貴州陰陽界。停靠小村莊時見一女子為家中過世婢女，兩人以兄妹相稱。蔡狀元結識婢女現任丈夫後，央求馬

面帶自己去遊地府,在地獄十,見胡、王二人受刑罰,並且懷疑在地獄受「騎樑發脊」之刑的老人是父親。請求馬面幫忙調查受刑者身分並確認是父親。原來蔡父因為不敬神明受刑罰,必須繳交贖銀十兆九萬五千四十八貫才能免除地獄之刑,蔡狀元便向地府庫官張順借銀贖父罪。蔡狀元返陽後確認自己在地獄所建之事為真後,便急忙前往地府還銀,卻還銀未果,一位老人建議蔡狀元運用此筆金銀建造洛陽橋,造福百姓。蔡狀元便開始造橋。蔡狀元廣招天下名匠起造洛陽橋,包含張魯二位仙師。費用需三十兆九萬七千貫且並於二月二十日酉時動工,過程需吃齋。建造至第三十六個環洞時,張魯二位仙師秉告狀元,江心水勢過深洛陽橋無法繼續建造,需尋得「下得海」之人。一位酒鬼稱夏得海承擔任務,酒醒後悔不已在海邊哭昏了過去。龍王聽聞岸上哭聲便派手下去查看,只見夏得海昏死海邊並且發現蔡狀元所寫的公文。龍王因此得知狀元要造洛陽橋,便在公文上加上「肚醋」二字。狀元解「肚醋」二字,得知龍王允諾「十一月二十一日酉時」退水。造橋所需的銀子已漸不足。觀音將木廢灑往海中,讓木廢變成了蝗魚,以供工匠食用並向狀元說要助其造橋籌銀,於是化作一名貌美的未亡人招親。洛陽橋竣工,觀音大士說情讓張、馬二人釋罪。蔡狀元、夏得海皆不願為官,從此蔡、夏家虔心修道。最後皆修成正果,來生必生於富貴之家。

### 4.「河陽卷」劇情特色

「河陽卷」之中,與「沙上卷」相同很明確地將洛陽橋開工的時間點給設定下來,且兩本卷本所設定的時間皆為相同,都是在二月十二日:

> 揀好黃道吉日,是二月十二百花生日,便落樁、定磡、動工。工地
> 上沸騰起來了。
> 二月十二春光好,落樁起造洛陽橋。
> 兩廊和佛又念經,打起扛調造橋亭。
> 造起那有恩恩里,恩恩裡面造橋洞。〔註44〕

另外,「河陽卷」中的夏得海並未像「同里卷」一樣真的去到了皇宮,所以當蔡狀元問起龍宮景致時,夏得海只好胡亂編謊,說龍宮的一切都是水晶做的,而許多寶卷在此一情節並沒有細究蔡狀元反應,到底相不相信夏得海的說法,但在「河陽卷」之中,則是非常明確的寫道「狀元龍宮未去過,一派胡言任憑欺」表明蔡狀元已經相信了夏得海胡謅的謊話,並且喜得兩只元寶與一罈酒而去。

---

〔註44〕梁一波主編:《中國‧河陽寶卷集》,頁333。

### （七）《常熟寶卷》──《受生寶卷》

「常熟卷」為手抄本，抄錄時間為乙亥年（1995 年），寶卷所有者只留下姓氏「朱」，未知其名字。

#### 1.《常熟寶卷》特色

常熟市現今隸屬於蘇州市下屬縣級市，位於蘇州北部以及長江南岸，東臨太倉、南臨昆山、無限，西臨無錫、江陰，西北邊為張家港市。在常熟做會講經的活動遍佈了其地方境內各處鄉鎮市。至今，常熟許多地區都還有宣卷儀式的紀錄存在。

目前在常熟地區所蒐集到的寶卷卷本，大多數都是在改革之後的新版本寶卷，多是在清末民初時的卷本，可以稱此類卷本為「老本子」，現存被確認為老本子的卷本有七十本左右，這些卷本內容具有常熟方言色彩。在到了一九四九年後近三十年的時間，由於整個社會環境對於寶卷的壓制，常熟寶卷開始趨於低潮時期，儘管沒有以往興盛，卻沒有完全銷聲匿跡，而變成一種較為祕密的活動，接著整個宣卷活動在改革後，來到了巔峰，也是在此時出現了大量的寶卷卷本，也因為當時許多書坊開始出版寶卷的印刷本，整個宣卷活動更是深入到了地方民眾的日常，不僅宣卷活動大量增加，對於寶卷中所闡揚的宗教信仰接受度也更廣泛，這也讓常熟寶卷更為流行。

在常熟地區的宣卷儀式，至今仍保留著最為傳統的木魚宣卷，而不像其他地區在宣卷模式上常配合聽眾喜好而添增許多新的元素。雖然常熟寶卷的宣卷儀式較為傳統無創新，但常熟地區的卷本的編制與創新卻是獨樹一幟的，例如《中國常熟寶卷》就將常熟寶卷分成五大類：素卷、葷卷、冥卷、閑卷、科儀。其中素卷與葷卷，又可以合稱為「願卷」或「神卷」，素卷多是指神靈故事或是靈驗故事，如《玉皇寶卷》、《太陽寶卷》、《四海龍王寶卷》等，而葷卷則是以最能體現常熟地方民間信仰的地方神靈故事為主，如《神醫寶卷》、《藥王寶卷》、《二郎寶卷》等。《遊地獄寶眷》、《幽冥十王寶卷》、《伽藍土地寶卷》等冥卷類寶卷則多被運用在喪事之時，而閑卷多是由彈詞、戲曲、傳說等改編而來的通俗故事，具有非常顯著的娛樂效果，如《孟姜女寶卷》、《珍珠塔寶卷》、《花木蘭寶卷》等。「常熟卷」則是屬於素卷類。

#### 2.「常熟卷」的開卷偈

　　　　受生寶卷初展開　　諸佛菩薩降經壇
　　　　兩廊大眾同賀佛　　迎祥集福免三災

　　　　凡人不知天和地　　受生不可不還開
　　　　三世不還受生債　　過世要投虫豸胎
　　　　閒言閒語休多說　　受生寶卷佛前開〔註45〕

「常熟卷」的開卷偈，總共十句。這十句之中，除了簡單的儀式詞之外，並沒有提到洛陽橋寶卷的故事，連簡略的介紹都沒有，但是在「常熟卷」的開卷偈之中，卻已經有提到「受生債」的概念，且清楚的說明，若是不還受生債，過世之後若想再投胎，會只有「投虫豸胎」等選擇。是一本在開卷偈就清楚的說明卷本中所要傳達思想的洛陽橋寶卷。

### 表9：「常熟卷」中的人物及背景設定

| 時代背景 | 唐太宗年間 |
|---|---|
| 主角 | 蔡頊 |
| 主角父親 | 蔡昶 |
| 主角母親 | （未提及） |
| 主角妻子 | 孫氏 |
| 主角背景 | （未提及） |
| 婢女姓名 | 娥梅 |
| 婢女死因 | 到廟中燒香，被馬面搶到陰司，回家後立即身亡。 |
| 地獄受刑者 | 胡大賓、王聖良、李君若、蔡昶（蔡父） |
| 胡大賓罪名 | 胡大賓在陽間與人合夥開店，霸佔營利，被罰火刑（陽世病體）三日。 |
| 王聖良罪名 | 見女人就佔其便宜 |
| 蔡昶罪名 | 不信佛法不敬神明 |
| 夏得海背景 | 玉皇殿前插香童子，因戲笑了玉女被罰至人間 |

### 3.「常熟卷」劇情脈絡

　　蔡頊高中狀元郎。蔡頊不願為官，求返鄉侍奉雙親，回程迷途意外來到了貴州陰陽界。停靠小村莊時見一女子為家中過世婢女，兩人以兄妹相稱。馬面邀請蔡狀元去遊地府，並見到家鄉的三位惡人胡大賓、王聖良、李君若在地獄受刑。後來蔡狀元懷疑在地獄受「騎樑發脊」之刑的老人是父親。請求馬面幫忙調查受刑者身分並確認是父親。蔡父因為不敬神明受刑罰，必須繳交贖銀十兆九萬五千零四十八貫才能免除地獄之刑，便向馬面借銀贖父

〔註45〕常熟《受生寶卷》為乙亥年（1995年）朱藏手抄本。

罪。蔡狀元返鄉並向父親確認地獄之事為真，籌銀後急前往地府還銀，卻尋不著地府入口，化身成為老人的太白金星建議蔡狀元運用此筆金銀建造洛陽橋。蔡狀元聽之開始造橋。建造至第三十六個環洞時，張魯二位仙師秉告狀元，江心水勢過深洛陽橋無法繼續建造。狀元頒布賞令「下得海」之人，一位酒鬼稱自己「夏得海」，公差便將其帶回。無法執行任務的夏得海在海邊哭昏了過去。龍王聽聞岸上哭聲便遣欽差去查，龍王得知狀元要造洛陽橋，便在公文上加上「肚醋」二字。狀元解「肚醋」二字，得知龍王允諾「十一月二十一日酉時」退水。造橋所需的銀子已漸不足。觀音化身美女招親並且將木廢灑往海中變成了蝗魚，以供工匠食用。洛陽橋竣工。觀音大士說情讓張、馬二人釋罪。蔡狀元、夏得海皆不願為官，從此蔡、夏家虔心修道。最後蔡家一門皆昇天，夏得海也得以重返天庭。

### 4.「常熟卷」劇情特色

「常熟卷」之中，有許多在其他版本的洛陽橋卷本常出現的細節，在「常熟卷」之中，被忽略了過去，例如：其他卷本皆會對蔡狀元的降生給出一原因，「無錫卷」設定蔡狀元為天上文曲星下凡，「同里卷」設定蔡母向觀音祈求才得到一子，而更多的是蔡父命中無子，但因其為人正直，上帝賜其一子，但「常熟卷」中則未提及只簡單說明「蔡昶官拜大學士之職，夫人寶氏同庚，花甲所生之子取名蔡頊」，並未細究蔡狀元的出生來歷，而「常熟卷」與「沙上卷」和「河陽卷」相同，「常熟卷」也有設定洛陽橋開工的時間，只是並非同樣的二月十二日，而是訂在四月初三黃道動工：

> 四月初三黃道日　匠人動手造名橋
>
> 打樁駁石多鬧熱　打夯高喊不使停〔註46〕

「常熟卷」中與其他卷本最大的變動處在於其餘寶卷中胡大賓的開店合夥人李君若，在大多數的卷本之中，會設定其與胡大賓合夥做生意，但是胡大賓強佔利益，怒氣難平的李君若無法得到正義，這才到城隍廟告了胡大賓一狀，而「常熟卷」則更動了此處的情節，將李君若也設定成是在地獄中受刑責的其中一人，還是蔡狀元的同窗，罪名是放債收取利益，剝削小民。在七本洛陽橋寶卷中，只有「常熟卷」將李君若設定為地獄受刑人，更是陽世間的惡人，而在其他版本之中李君若都是被胡大賓欺壓，卻無計可施的被害者。

另外還有觀音襄助蔡狀元造橋情節，其他卷本皆是先將木廢化成黃魚解

---

〔註46〕常熟《受生寶卷》為乙亥年（1995年）朱藏手抄本。

決工人們的吃食問題，再化身美女招親，等到人民投擲金銀足夠時，便現出原形離去。但在「常熟卷」之中，則是將觀音襄助的前後順序給交換了，觀音先是化身美女招親，才將木廢化成黃魚以提供工人們食物。

## 二、洛陽橋寶卷情節公式

這七本洛陽橋寶卷之中，雖然內容並沒有完全相同，但無論是哪一版本，其基本劇情走向皆可以套用進以下洛陽橋寶卷情節公式。

### 圖 1：洛陽橋寶卷情節公式

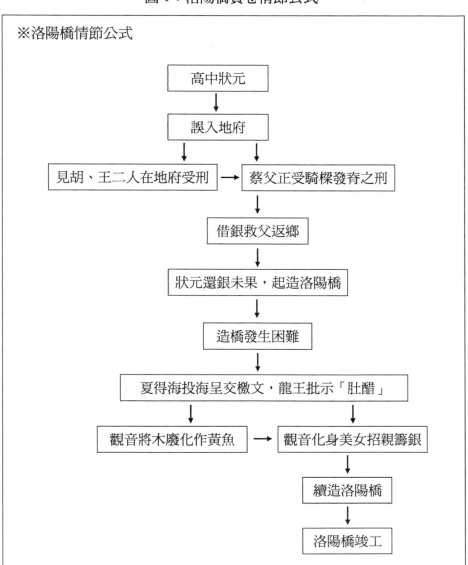

從洛陽橋寶卷情節公式來看，洛陽橋寶卷已經有了固定劇情，與上一章歷代洛陽橋故事，包含小說、戲曲、歷史文本等有了很大的差異。

## 三、洛陽橋寶卷統整分析

寶卷做為說唱文學的表演藝術特質，宣卷先生可以依個人特色，對其進行不同的加工，這種差別可表現在情節內容的增刪或主題意味的轉化。〔註47〕這也造就七本洛陽橋寶卷彼此之間略有差異的原因。

表 10：洛陽橋寶卷中的人物背景設定比較

|  | 狀元背景 | 蔡父罪名 | 指示人 | 夏得海 |
|---|---|---|---|---|
| 「無錫卷」 | 文曲星下凡轉 | 貪贓枉法 | 太白金星 | 錢龍玉女 |
| 「民間卷」 | 父正直清廉故賜其一子 | 不敬神佛 | 老人 | 上界星辰 |
| 「哈佛燕京卷」 | 父正直清廉故賜其一子 | 不敬神佛 不燒香燭 | 地藏王 | 插香童子 |
| 「同里卷」 | （未提及） | 為官作惡 | 觀音 | 菜農 |
| 「沙上卷」 | 父正直清廉故賜其一子 | 不敬神佛 | 老人 | 插香童子 |
| 「河陽卷」 | 父正直清廉故賜其一子 | 不信佛法不敬鬼神 | 老人 | 天上星宿 |
| 「常熟卷」 | （未提及） | 不顧百姓 | 太白金星 | （未提及） |

以上述七本洛陽橋寶卷的基本訊息設定來看，其中「民間卷」、「沙上卷」以及「河陽卷」，整體而言三者的基本架構完全相同，包含對於蔡狀元、夏得海、指點迷津鼓勵蔡狀元造橋的老人的背景設定皆一致，甚至連蔡狀元父親本命中無子，以及蔡父是因為不敬佛法而到地獄受刑罰的原因也相同。可知「民間卷」、「沙上卷」以及「河陽卷」三者同質性是最高的。而「哈佛燕京卷」雖與「民間卷」、「沙上卷」以及「河陽卷」三本卷本在劇情上也有許多相似的部分，但關於觀音襄助的劇情，「哈佛燕京卷」是七本寶卷之卷篇幅最短小，甚至完全沒有提到觀音化身美女招親籌措銀兩的片段，而且為蔡狀元指點迷津的老人身分也改成了地藏王。除此之外「哈佛燕京卷」與「民間卷」、「沙上卷」、「河陽卷」的劇情設定上相似度還是非常高的。

再來「無錫卷」與「常熟卷」之間也有十分巧妙的雷同之處，包含此二本

〔註47〕吳文科：《中國曲藝藝術論》（太原：山西教育出版社，2003 年），頁 82。

寶卷的蔡父都是因為在陽間作惡而受地獄之罪刑，在其他卷本之中蔡父都被設定成清廉正直的好官員，又或是為蔡狀元指點迷津的老人皆被設定為太白金星，以二本內容的基本訊息上來看，七本寶卷之中，「無錫卷」與「常熟卷」的基本設定相似度非常高。

七本洛陽橋寶卷之中，以「同里卷」特別不同，有許多其他卷本所沒有提及的地方，如鼓勵蔡狀元造洛陽橋的老人為觀音的化身，夏得海被設定成一位有妻兒的老實菜販，還有蔡狀元與婢女之間的情侶關係，以及夏得海去到龍宮的過程。

筆者先從以上表格幾點關於洛陽橋寶卷的基本設定確定，「民間卷」、「沙上卷」、「河陽卷」、「哈佛燕京卷」中的四本洛陽橋寶卷同質性是最高的，而「無錫卷」與「常熟卷」的架構也最為相似，最後則是異質性最大的「同里卷」，因此，以下對於洛陽橋寶卷的比較與分析，會以三個部份來進行，第一部分為四本同質性較高的「民間卷」、「沙上卷」、「河陽卷」以及「哈佛燕京卷」，第二部分則是分析「無錫卷」與「常熟卷」，第三部分是與其他洛陽橋寶卷相異性非常高的「同里卷」。

### （一）「民間卷」、「沙上卷」、「河陽卷」、「哈佛燕京卷」比較

「民間卷」、「沙上卷」、「河陽卷」、「哈佛燕京卷」四本洛陽橋寶卷的情節設定十分相似，但在些許的細節設定，還是有些許的差距。

表 11：「民間卷」、「沙上卷」、「河陽卷」、「哈佛燕京卷」中胡大賓罪名比較

| 蔡狀元在地獄遇見同鄉之人 | | | |
|---|---|---|---|
| 「民間卷」 | 「沙上卷」 | 「河陽卷」 | 「哈佛燕京卷」 |
| 胡大賓 | 吳大兵 | 吳大彬 | 胡大賓 |
| 頭頂火燒之刑（陽間病體）三日。 | 火燒其頭至此人所賺的黑錢用盡，方可痊癒。 | 頭頂火盆之刑，罪證不足，只能略懲明日便可還陽。 | 頭頂火燒之刑三日。 |

蔡狀元在地獄第一個見到的是同鄉之人，這四本寶卷對於此人的名字設定就有些許的不同，但以讀音上判斷，相似性還是非常高的，因此推論此人的姓名被設定的不同，應該只是在卷本傳抄的時候，發生的小差異。而這四本洛陽橋寶卷胡大賓（吳大彬、吳大賓）所犯下的罪刑都是因為其在陽間之時與人合夥開店，卻強佔營利，合夥人一氣之下告到城隍廟，胡大賓（吳大兵，吳大彬）

因此被帶到陰間受刑罰。

關於胡大賓的刑罰，四本洛陽橋寶卷的設定也有一些差距。胡大賓的刑罰可以確定的是與人同夥開店卻強佔營利的罪名並不重，四本寶卷之中，都只是略施懲誡，便可以還陽。

「民間卷」、「沙上卷」、「河陽卷」、「哈佛燕京卷」四本洛陽橋寶卷中，最為不同的劇情差異，在於觀音襄助的部分，「民間卷」、「沙上卷」、「河陽卷」中都有提到觀音將木屑變成黃魚提供造橋工人食用以及化身美女招親籌措銀兩的片段，但在「哈佛燕京卷」觀音襄助的片段短小，而且完全沒有化身美女招親籌措銀兩的片段。例如：「河陽卷」觀音的襄助片段：

> 不表匠人造橋忙，再說南海觀世音。
> 狀元為父還陰債，助其神力了其新。
> 手執淨瓶一杯水，輕移蓮步下竹林。
> 騰雲駕霧降工地，洛陽橋畔顯威靈。
> 手拿木花海中撒，一口法水噴江心。
> 木花不飄海中沉，立變黃魚成群生。
> 橋上娘娘在吩咐，海中黃魚匠人吞。
> 此魚殺生沒有血，其名就叫素黃魚。
> 便喚狀元你需聽，匠人吃素太辛苦。
> 江中黃魚快捕捉，充飢當菜不是葷。
> 此魚人人多好吃，佛天有眼就凡人。
> ……
> 且說觀音大士駕雲來到普陀山，變吩咐善才、龍女，將蓮船變作航船，扯起旗號，啥人將金銀丟著我身上，就可與他成為夫妻。龍女依照觀音的吩咐，航船往泉州進發。
> ……
> 大夥丟金都不中，人人猜疑是妖精。
> 或是神仙或是佛，或是觀音試人心。
> 不表泉州眾議論，再說南海觀世音。
> 忙喚橋工幾十名，快到橋中搬金銀。
> 扛的扛來挑的挑，滿船金銀都搬盡。〔註48〕

---

〔註48〕梁一波主編：《中國·河陽寶卷集》，頁 335～336。

「哈佛燕京卷」觀音的襄助片段：

> 觀音菩薩聞知得　　得知狀元金銀已用盡
>
> 大士來助蔡項人一個　無銀怎好造橋成
>
> 造橋之人多辛苦　　吃齋長素苦辛勤
>
> 觀音菩薩親身到　　橋樁落下顯威靈
>
> 廢柴拿來丟下水　　一口法水滿江噴
>
> 立刻木廢多變化　　變化鰉魚滿海存
>
> 大事吩咐眾人聽　　將魚捉起煮來吞
>
> 此魚無不鮮血示　　只樣之魚不算葷
>
> 此時眾人心中喜　　觀音大士救凡人〔註49〕

從上述的觀音襄助的片段，就可以發現在觀音將木廢變成黃魚的片段「哈佛燕京卷」與其他卷本所描述的細節與情節架構並未不同，但相對而言，缺少了觀音化身美女招親籌措銀兩的情節，在劇情的流暢度與合理性還是比較缺乏的，在「哈佛燕京卷」觀音襄助的片段當中有提到「觀音菩薩聞知得，得知狀元金銀已用盡。大士來助蔡項人一個，無銀怎好造橋成。」可以得知，蔡狀元的建橋資金不足，而「哈佛燕京卷」卻只安排觀音利用木廢解決匠人們的伙食問題，並且在資金的問題還未見解決之道時，觀音就已經離去。接著劇情就直接續建環洞。此為「哈佛燕京卷」與其他卷本最大不同之處，也是此卷本較為欠缺、不合理之處。

在這四本洛陽橋寶卷之中，還有一些不影響劇情細節設定也不太相同。

表12：「民間卷」、「沙上卷」、「河陽卷」、「哈佛燕京卷」中劇情比較

| 地府中所記載蔡父的生辰 | | | |
|---|---|---|---|
| 「民間卷」 | 「沙上卷」 | 「河陽卷」 | 「哈佛燕京卷」 |
| 七十三歲，四月初三子時生 | 七十三歲，四月十三日子時生 | 七十三歲，月初三子時生 | 七十三歲，四月初四子時生 |
| 夏得海的背景 | | | |
| 「民間卷」 | 「沙上卷」 | 「河陽卷」 | 「哈佛燕京卷」 |
| 上界星辰 | 插香童子 | 撿香童子 | 插香童子 |
| 指點蔡狀元狀造橋老人身分 | | | |
| 「民間卷」 | 「沙上卷」 | 「河陽卷」 | 「哈佛燕京卷」 |
| 一般老人 | 地藏王 | 一般老人 | 一般老人 |

〔註49〕霍建瑜主編：《美國哈佛大學哈佛燕京圖書館藏寶卷彙刊》，頁579。

在四本寶卷的最後結局，在洛陽橋竣工造福無數蒼生，秉持著善有善報的概念，也都為蔡氏一家以及夏得海安排了美好的結尾。

表13：「民間卷」、「沙上卷」、「河陽卷」、「哈佛燕京卷」中結局比較

| 「民間卷」 | 「沙上卷」 | 「河陽卷」 | 「哈佛燕京卷」 |
| --- | --- | --- | --- |
| 蔡狀元為夏得海求得翰林官職，自己返家侍奉雙親。 | 蔡氏一家從此天天念佛修道。 | 蔡狀元辭官，行善修道，來生必定生於富貴家。 | 蔡父痛改前非，蔡氏一家、夏得海虔誠修道並升天。 |

以結局的安排，可見這四本洛陽橋寶卷都十分注重信仰教化，因此安排原本就身為狀元，又建造了洛陽橋，可謂前途一片光明的蔡狀元毅然辭官，從此修道念佛。由此可知，這四本洛陽橋寶卷，都向聽眾宣傳信仰虔誠的重要性，修道念佛的福報，更是遠遠超過在朝為官，宣揚教義的成分非常明顯。

### （二）「無錫卷」、「常熟卷」比較

「無錫卷」與「常熟卷」當中所收錄的洛陽橋寶卷，在一些基礎設定上是本論文所研究的七本寶卷之中最為相近的，例如這兩本寶卷關於婢女的死因、遊地獄時的情境、蔡父所犯下的罪刑同質性都非常的高，但仔細探究內容，卻還是可以發現這兩本寶卷之中，還是存在許多細節上的差異。此小節就會針對「無錫卷」與「常熟卷」中的洛陽橋寶卷故事，整理出劇情大綱並且針對兩本卷本的相同以及相異處做出整理。

「無錫卷」與「常熟卷」劇情設定中有許多剛好與其他卷本有著不一樣的相同之處。例如，關於婢女的死因，都設定成婢女被馬面搶親到陰間，而當陽間人到了陰間，陽間的身軀就會病重而去了。當蔡狀元誤入地府時，婢女遇見舊主，在其他版本中婢女會向蔡狀元解說人死後會有著不同際遇，像是投胎、成鬼魂、嫁人等，但只有「無錫卷」以及「常熟卷」省略了這個段落。還有在這兩本卷本之中，蔡父被設定為作惡多端而非清廉的大貪官。在蔡狀元到陰間後，馬面是自己主動邀請蔡狀元遊地府而非蔡狀元自己提出請求，當蔡狀元在地府看見父親，此二本寶卷狀元的反應是直接確認受刑者的身分，而非像其他寶卷一樣，隱忍不說。最後也只有「無錫卷」與「常熟卷」將為蔡狀元指引蔡狀元叫造洛陽橋的老人身分設定為是太白金星下凡指點蔡狀元的窘境。

雖說「無錫卷」與「常熟卷」是七本洛陽橋寶卷中系統最為相近的，但在一些劇情的細節設定上，還是可以看出差異。

表14：「無錫卷」、「常熟卷」中蔡狀元在地獄所遇見對象比較

| 「無錫卷」 | 「常熟卷」 |
| --- | --- |
| 父親 | 吳大賓、李君若、王聖良、父親 |

這一項設定，「無錫卷」與「常熟卷」都十分特別。「無錫卷」中蔡狀元在地獄除了父親以外並沒有遇見其他熟識之人在受刑罰。而是由蔡狀元親眼見證許多地獄刑罰以取代其他本版中的「胡大賓、王聖良」受地獄刑責的片段。如「無錫卷」蔡狀元遊地府片段：

> 狀元跟進第一殿　（只見）銅牆鐵壁十丈零
> 鑊湯地獄輕油滾　閘刀鋸解兩片分
> 奈何橋上難行走　一根木頭搖不停
> 上橋便有惡狗咬　下橋便有毒蛇吞
> （在陽間）搬嘴美舌將人害
> （一到陰司）敲牙拔舌痛傷心
> 餓鬼地獄聲聽苦　刀山劍樹白如銀
> 枉死城內冤屈喊　血河（池）血水萬丈深
> 世間婦女生產死　（血）河池受罪苦傷心
> ……
> 十八層地獄都看到　盡是陽間作孽人〔註50〕

而在「常熟卷」之中，蔡狀元有遇見吳大賓以及王聖良在受地獄之刑，但特別的是在其他卷本之中，「李君若」（或做「李君石」）的身分是被害者，因為在陽間與吳大賓合夥做生意，卻被搶佔了利益，因此氣憤地到城隍廟告了一狀，才導致吳大賓遭受地獄刑罰，但「常熟卷」卻把李君若同樣設定為受刑之人，且為蔡狀元的同窗之友，因為放債收取不法利益且剝削小民而被陰司處罰，這是在七本洛陽橋寶卷中獨有的設定。

表15：「無錫卷」、「常熟卷」中夏得海背景比較

| 「無錫卷」 | 「常熟卷」 |
| --- | --- |
| 水府星君系上錢龍玉女 | 未提及 |

---

〔註50〕車錫倫主編：《中國民間寶卷文獻集成・江蘇無錫卷》，頁1528～1531。

其他版本的夏得海多是因為名字「夏得海」與「下得海」諧音，而被派去為蔡狀元呈檄文，而「無錫卷」的夏得海被派去呈交檄文的原因，則是因為酒醉後胡謅自己認識海底龍王，「有一醉漢自言自語說到，我个名字真寶貝，人人聽我夏得海，東海龍王搭我是朋友，蝦兵蟹將聽我是前輩」，另外，夏得海的身分背景，也與其他版不同，除了「同里卷」與「常熟卷」，夏得海的設定多為插香童子，而「無錫卷」卻將夏得海的背景設定為「水府星君系上錢龍玉女」且此一設定與後續劇情發展也有關聯，其他版本的寶卷，大多是龍王聽見岸邊有哭聲，才派兵前往察看，但此處則是龍王算出了水府星君有難，特意派兵前去幫助調查。

另外，「無錫卷」與「常熟卷」中也有一些在不影響劇情上有差異的設定。

表16：「無錫卷」、「常熟卷」中劇情細節比較

| 「無錫卷」 | 「常熟卷」 |
|---|---|
| 蔡狀元背景 | |
| 天上文曲星下凡 | 未提及 |
| 蔡狀元妻子 | |
| 未提及 | 寶氏 |
| 夏得海賞銀 | |
| 一百銀兩 | 五十銀兩 |

### （三）「同里卷」特色

在洛陽橋寶卷之中「同里卷」的劇情走向是七本卷本裡最為獨樹一幟的，這與「同里卷」中的宣卷模式有著很大的關係，「同里卷」的宣卷模式為班子演唱時並沒有宣卷的底本，而是演出時的內容完全憑藉著記憶與即興發揮。因此「同里卷」僅有劇情的大架構與其他洛陽橋寶卷相似，其餘細節設定大都都是獨一無二的。而「同里卷」相較與其他卷本的獨特性，請參照本章的《同里宣卷》──《洛陽橋》介紹（p.68～73）。

## 第三節　洛陽橋寶卷情節分析

洛陽橋寶卷的整體架構以及基本訊息設定已經十分完備，其中寶卷之中的蔡狀元，已經不同於諸多洛陽橋的傳說故事直接將歷史人物「蔡襄」帶入故

事之中，而是將蔡狀元的姓名設定為「蔡旭」或是「蔡頊」，雖然洛陽橋寶卷中的蔡狀元還是以「蔡襄」作為角色設定的原型，但寶卷之中的蔡狀元的設定已經不同於其他的洛陽橋故事了。而蔡狀元的父親名字為「蔡昌」或者「蔡昶」，但在許多的洛陽橋傳說故事當中，蔡父的名字是直接被忽略的，其中的原因可能為在洛陽橋寶卷之中，蔡父扮演著推動劇情發展很關鍵要素，其姓名才被明確的設定下來。

　　相較諸多洛陽橋寶卷的完整基本訊息，歷代洛陽橋故事主要還是以建造洛陽橋的契機以及過程為主，因此關於狀元父親、狀元妻子的設定就容易被忽略。

**表 17：洛陽橋寶卷中背景年代以及角色差異比較**

|  | 時代 | 主角 | 主角父親 | 主角母親 | 主角妻子 | 婢女姓名 |
|---|---|---|---|---|---|---|
| 「無錫卷」 | 唐明皇 | 蔡旭 | 蔡昌 | （未提及） | （未提及） | 梅香 |
| 「民間卷」 | 唐太宗 | 蔡頊 | 蔡昶 | 戚氏 | 竇氏 | 梅香 |
| 「哈佛燕京卷」 | 唐太宗 | 蔡頊 | 蔡昶 | （未提及） | 竇氏 | 梅娥 |
| 「同里卷」 | 唐太宗 | 蔡旭 | 蔡昌 | 趙氏 | 梅娥與蔡旭相愛。 | |
| 「沙上卷」 | 唐太宗 | 蔡旭 | 蔡昶 | 戚氏 | 竇氏 | 梅娥 |
| 「河陽卷」 | 唐太宗 | 蔡旭 | 蔡昶 | 戚氏 | 竇氏 | 梅娥 |
| 「常熟卷」 | 唐太宗 | 蔡頊 | 蔡昶 | 竇氏 | 孫氏 | 娥梅 |

**表 18：小說、戲曲中洛陽橋故事的背景年代以及角色差異比較**

|  | 造橋者 | 狀元父 | 狀元母 | 狀元妻 |
|---|---|---|---|---|
| 小說《閩都別記》 | 宋忠 | × | × | × |
| 小說《臨水平妖誌》 | 王延彬<br>蔡狀元續建 | × | 翁氏 | × |
| 戲曲《曲海總目提要》 | 蔡襄 | × | 張氏 | 吳氏 |
| 戲曲《四美記》 | 蔡襄 | 蔡業宗 | 王氏 | × |
| 戲曲《洛陽橋傳奇》 | 蔡祥 | × | × | × |
| 歌謠《蔡端造洛陽橋歌》 | 蔡端 | 蔡福 | 翁氏 | × |

　　寶卷做為說唱文學的表演藝術特質，宣卷先生可以依個人特色，對其進行不同的加工，這種差別可表現在情節內容的增刪或主題意味的轉化。〔註51〕這也是造就七本洛陽橋寶卷彼此之間略有差異的原因。這些洛陽橋寶卷雖說彼此有些許情節、角色設定上的不同，但整體而言大方向的架構並無不同，儼然已經成為洛陽橋寶卷的固定劇情，而這些已經被設定為洛陽橋寶卷固定情節的安排，與本論文第二章所提及的歷代洛陽橋故事，包含小說、戲曲、歷史文本等有了很大的差異，以下會提出幾點只有在洛陽橋寶卷中出現的劇情。

## 一、遊地獄

　　狀元遊地獄的情節，在許多的洛陽橋故事文本當中，僅僅只在寶卷當中出現出現過，且本論文所列各版本的洛陽橋寶卷範疇內無一例外，已經成為洛陽橋寶卷的固定情節了。遊地獄的情節是讓還活著的陽間之人到地府去看所謂的地獄之刑罰。寶卷本身就具有勸善的功能，這種安排蔡狀元親眼見識地獄真實性的劇情設計，更有一種警惕的作用存在，告誡聽卷者，行不善者天殃之的道理，從警惕入手，進而達到勸善的目的。

　　在每一版本的洛陽橋寶卷，都有對地獄提出詳細的描寫，有些甚至會詳盡到──說明在陽間時犯了什麼罪責到地獄後會遭受何種刑罰，像是在「無錫卷」之中就有片段提到：

> 在陽間　搬嘴美舌將人害　一到陰司　敲牙拔舌痛傷心
> 　　　　惡鬼獄中聲聽苦　　　　　　刀山劍樹白如銀
> ……
> 在陽間　貪財貪吃生靈害　田雞魚鱉戳背心
> 　　　　在生吃盡多滋味　死後刀山受極刑
> 　　　　在生忤逆爹和母　寒凍飢餓不關心
> 　　　　左鄰右舍說鬼話　扭捏相罵害好人
> 　　　　在生奸刁多作惡　死後鋸解兩處分〔註52〕

而且洛陽橋寶卷中在地獄受刑之人，他們所犯的罪也都會非常明確地被提出來，而且設定罪刑重大者罪罰則比較重，若犯的錯小，刑罰就相對較輕。以許多寶卷都有提到的胡大賓與王聖良為例。首先在「民間卷」、「哈佛燕京卷」、

---

〔註51〕吳文科：《中國曲藝藝術論》，頁82。
〔註52〕車錫倫主編：《中國民間寶卷文獻集成・江蘇無錫卷》，頁1528～1529。

「沙上卷」、「河陽卷」、「常熟卷」中都有敘述到蔡狀元在地獄遇見故鄉故友胡大賓與王聖良的片段（不同版本的洛陽橋寶卷之中，此二人名字上會有些微差異，此處以洛陽橋寶卷中較為常見的胡大賓、王聖良來稱呼），而胡大賓遭受罪刑的原因，大多是在陽間與人合開店鋪，卻強佔營利，被合夥人告到城隍廟，因此胡大賓被判了火刑，例如「哈佛燕京卷」中提的胡大賓受罰片段：

> 蔡旭正在心思想　　一個犯人帶進門
> 跪在閻王案桌下　　火焰頭上便燒疼
> 頭上火燒從何事　　好像相鄰胡大賓
> 他今年紀還算小　　為何也到此間存
> 便問馬面人一個　　此事何人罪當身
> 馬面即便回言答　　此人罪尊還算清
> 此人不是真死罪　　三月之間病癒根
> 待等冥王審明白　　陽間立刻病還輕〔註53〕

而另一位王聖良比較常出現的罪責是開酒店或是流連酒店，包含「常熟卷」中所說的「見女人就討便宜」的好色之罪，在「哈佛燕京卷」中也有王聖良的受罰片段：

> 卻說蔡旭，看見油鍋罪人，好似同窗之友，名叫王聖良，馬面道其人不過犯七日之罪，乃是流連酒店，作賤米漿，乃作酒漿水潑散在地，到此陰間，閻王審問明白，到了第八日，就可以還陽也。〔註54〕

從「哈佛燕京卷」中胡大賓與王聖良兩人的罪罰來看，可以知道在洛陽橋寶卷當中的地獄是有非常鮮明的審判準則的，受刑時間長短，處罰何時結束也都非常的分明，犯大錯就受重罰，如「哈佛燕京卷」當中的胡大賓，強佔合夥人利益，雖說不到大罪大惡，危害他人性命，但確實因私心而起了貪念，枉顧他人利益，罪刑以及罪期就明白地訂出「三月火燒之刑」，而王聖良流連酒店，他的罪名就更加的明瞭為「好色」，因此審判就更加地輕微，甚至在一星期後就可以結束還陽。此二人的罪行被設定的非常清楚，可以增加地獄、閻王的公正無私形象，為世間所有惡事訂出標準，讓受刑者得到該有的懲罰，不僅可以警惕世人，還可以讓曾被欺壓的人們得到心理的寬慰。

　　對於地獄的一切，世人總有許多猜想，地獄長什麼樣子？閻王、獄官、牛

---

〔註53〕霍建瑜主編：《美國哈佛大學哈佛燕京圖書館藏寶卷彙刊》，頁570。
〔註54〕霍建瑜主編：《美國哈佛大學哈佛燕京圖書館藏寶卷彙刊》，頁570。

頭馬面到底如何？而為了讓蔡狀元遊地獄事件更為真實，以上的問題，也都可以在卷本當中找到答案，如「河陽卷」中，當馬面提出要帶蔡狀元遊地獄時，就有將蔡狀元到地獄時所見之景以及內心的感受給詳盡地敘述出來：

> 狀元馬面上路程，兩人路上絕無聲。
>
> 只聽馬蹄咭咯響，不多一刻落馬停。
>
> 馬面判官開言說，大舅開眼看分明。
>
> 朱漆紅門上匾額，憲察衙門寫分明。
>
> 兩人豁下高頭馬，將馬扣在二門邊。
>
> 步行走到大殿上，閻王正在審犯人。
>
> 忽聽譙樓敲四更，兩邊都是判官人。
>
> 只見牛頭凶獄卒，也有狼牙唎齒人。
>
> 也有判官眼突出，也有黑面鬼凶人。
>
> 也有青面獠牙相，也有白面好書生。
>
> 也有判官兇惡相，也有鬼王善形相。
>
> 還有虎頭人獄卒，也有紅面鬼魔王。
>
> 兩邊刀槍怕煞人，夾棍榔頭刑具全。
>
> 夜叉勾魂兩邊登，呵五喝六不絕聲。
>
> 狀元一見真害怕，陰司可怕確實真。〔註55〕

從這一段關於地獄的描述片段，可以看到許多細節的部分，包含了外觀是朱紅色的地府衙門，還有許多常聽到的鬼使神差，如牛頭、白面書書、鬼王等，其外型都有清楚的敘述，從青面獠牙到兩眼突出、面露兇惡等形容都讓人不寒而慄，更加重了地獄使者不友善、可怕的形象，整體來看，不論是地獄所呈現的景象抑或是地府之中判定人們罪刑的閻王判官還是從旁協助刑罰進行的鬼怪們，都是讓人感到恐懼害怕的，這也加深了地獄給人的可怕的感覺，種種地獄的形塑，更可以進一步說服聽眾，讓地獄的真實性更甚，進而達到示警的效果。

　　蔡狀元遊地獄已經成為洛陽橋寶卷中不可缺少的片段，而在這段蔡狀元遊地獄的段落還可以在得到幾個有關地獄的訊息，例如在「同里卷」中提到吃了陰間食物，就會成為陰間人，還有「無錫卷」中「孽鏡臺前親照出，絲毫無差不容情」以及「前面有隻孟婆亭，孟婆娘娘送來茗。茶內鹹酸甜辣苦，吃下善惡便分明。」業鏡以及孟婆湯等都是世間所常見有關的地獄概念。

---

〔註55〕梁一波主編：《中國・河陽寶卷集》，頁329。

　　另外，蔡狀元家中的小婢女在死後並未投胎，而是嫁給馬面做為妻子，有趣的是，當蔡狀元誤入地府隨婢女返回家中的時候，馬面並未在家而是出門上班去了，在「民間卷」、「哈佛燕京卷」、「沙上卷」以及「河陽卷」還很明確的制定出馬面的上工時間為子時出戌時回。民間時常聽到的牛頭馬面在洛陽橋寶卷之中，也有著墨，如「沙上卷」中，當馬面回到家中詢問妻子家中為何有生人氣味時，梅娥回答說，自己的哥哥前來看望自己，並且說明蔡狀元為陽間人害怕看見馬面時，馬面便說「那我把馬面取下」，在後來遊地府的片段，馬面也提醒蔡狀元「狀元舅子，今日你到了閻王殿上，不要害怕。有穿虎頭衣的叫虎頭判官；穿牛衣的，叫牛衣判官。你看了都不用害怕。」從以上兩個片段來看，就可以知道牛頭馬面僅是地獄差使用的外衣，威嚇嚇退罪刑之人的用意較大，有著不做虧心事，不怕鬼敲門的安慰作用。以上種種有關地獄的訊息，讓整個洛陽橋寶卷中所要呈現的地獄形象更加完整而具體。

## 二、造橋契機

　　在歷史上洛陽橋起造的最主要原因是由於中國晉江縣與惠安縣兩地往返頻繁，為促使兩地發展，需要建造洛陽橋以滿足交通需求，而在小說、戲曲、歌謠等文學作品，如《簷鋪雜記》、《臨水平妖誌》、《狀元香》、《四美記》、《洛陽橋傳奇》、《蔡端造洛陽橋歌》都把洛陽橋起造的原因設定為蔡母妊娠時，遇船難被上天搭救，並指出腹中之子可能為狀元郎，蔡母因此發願，若是將來兒子真的成為狀元，必造洛陽橋還願，感謝上天救命以及造福百姓，而蔡母之子長大成人之後，果真高中狀元，蔡狀元為母還願，於是起造了洛陽橋。而在洛陽橋寶卷之中，則是完全推翻了這一種劇情的設定，在洛陽橋寶卷中沒有任何一個版本採用了狀元為母還願的造橋契機。反而是全部採取了「為了歸還陰司庫銀」的劇情設定，本論文所討論的七本洛陽橋寶卷皆是如此，無任何例外，可見起造洛陽橋契機是為了歸還陰司庫銀的設定，已經變成所有洛陽橋寶卷之中固定、重要的劇情設定了。以下為各版本寶卷，在敘述菜狀元造洛陽橋契機的片段，《江蘇無錫寶卷》——《洛陽橋寶卷》

　　　　狀元開船便行程　　要到貴州還庫銀
　　　　順風相送來得快　　貴州以在面前存
　　　　便在江邊將船歌　　尋訪梅香馬面身
　　　　江邊遠近都尋覓　　馬面梅香無處尋

太白金星聞得知　（化作）老人上前問原因

狀元到此因何事　尋訪何人說我聽

……

張魯二先聞知蔡狀元要歸還庫銀沒有還處，因此太白金星指點她將金銀作一好事，最好造一頂洛陽橋通往貴州。〔註56〕

## 《民間寶卷》──《洛陽橋寶卷》

且說狀元將銀子裝在船中搖來搖去不見籬笆村莊心中著急，遇一老人家問到，老公公此處什麼地方？此地貴州嗎？可有陰陽隔界？那老公公道，陰是陰陽是陽，哪有陰司？狀元道，我前月在京中回來到了貴州有一個小村莊，就是判官家中，他與我□遊玩地獄，在陰司借了庫中金子，如今□□還他，搖來搖去並無蹤跡，那老公公道，你這銀子何不在此做了好事？這□洛陽橋，此間陰司托生之人多□走過，造了此橋托生容易，若無此橋海心闊大難托人生過人的，聽正是。

狀元心內細思量　公公言語到忠良

急忙停船江邊歇　搭起公館就鋪張

……

不論金銀多與少　選手石匠洛陽造〔註57〕

## 《哈佛燕京寶卷》──《新刻洛陽橋寶卷》

到了貴州來尋覓　東西南北沒處尋

狀元眼中流下淚　金銀耽擱在船存

果然尋了真奇怪　小小村莊無處尋

又恐害她梅娥女　恐其又害判官身

尋來尋去尋不見　心中苦急十來分

……

公公道，那里尋得著陰司之鬼魂，依我之見，將金銀作些好是罷，弗然造了洛陽橋一座，護佑陰司之鬼，托生容易，凡人托生投胎，多走此橋徑過，有了此橋，以後凡人托生容易，若無此橋，江瀾海深，難以托生投胎也。

---

〔註56〕車錫倫主編：《中國民間寶卷文獻集成・江蘇無錫卷》，頁1538～1539。

〔註57〕周燮藩主編：《中國民間文獻集成・民間寶卷》第十七冊，頁453。

狀元內心細思量　地藏王化作公公說忠良〔註58〕

《同里宣卷》——《洛陽橋》

〔唱〕這倒難了！

狀元抬頭望分明，洛陽湖畔碧波清。

那日大霧來漫天，看來沒有陰曹路。

如若不把陰債還，爹爹舊病復發丟性命。

如若不把陰債還，要害判官妹夫犯了難。

如若不把陰債還，忤逆不孝在我身！

……

〔表〕啊，張開眼來一看，望過去倒說湖灘浪立好一個村姑。叫啥村姑？就是鄉村姑娘。衣裳著得蠻端正，長相姣好，勒拉搭我大講張，說：狀元公啊狀元公，你不必驚慌，喏、喏、喏，本姑娘有句話兒在此，若要還陰債，陰陽湖上橋來造。此橋名為洛陽橋，解除天下產婦的苦惱。四句詩講一清麼，啊，想問問清爽。〔註59〕

《沙上寶卷》——《蔡狀元造洛陽橋寶卷》

狀元裝了銀子，尋不到竹籬笆小村莊，心里十分著急，便上岸打聽。見走來一為老人，忙上前叫聲：「老公公，我問你此地可是貴州？」老人說：「正是。你要問啥事？」狀元說：「此地有一個陰陽界在哪裡？」……老公公說：「陰陽相隔，你若在到陰間，不一定能還陽。你還是將銀子做做好事。」狀元說：「教我做啥好事？」老人家說：「造橋鋪路，看經念佛，都是好事。依我看，你的銀子陰司也不收，陽間也不用。依我說，你將銀子在這裡造一條橋，有人托身投胎過江不便，造一條洛陽橋，你就是做了大好事。」

狀元聽罷心裏想，公公說話很中聽。〔註60〕

《河陽寶卷》——《受生寶卷》

狀元船中裝滿金銀，卻尋不到還的地方，心中很著急，連忙上岸。遇見一個老人，狀元便上前拱手說到：「請問老公公，貴州地方何處是陰陽隔界？」……老人道：「你這次是偶然得遇，說明你父親還有

---

〔註58〕霍建瑜主編：《美國哈佛大學哈佛燕京圖書館藏寶卷彙刊》，頁 574～575。

〔註59〕俞前主編：《中國‧同里宣卷集》，頁 294～295。

〔註60〕張芳主編：《中國‧沙上寶卷集》，頁 411。

陽壽。」老人接著說：「客官告訴你吧，陽間的銀子，陰間是不用的。要買了銀錠紙帛燒化下去，他們才可以用。另一方面，你把銀子做做好事，比如說，造一條橋啊，鋪鋪路啊，造廟宇、塑佛像、誦經念佛的這種慈善事業，後世人都會紀念你的。」狀元聽了老公公的話，就決定來造橋。讓陰司的人，托生到陽間投胎，都從這條橋上而過。若無此橋，陰司之人，難以脫化人身。故取名為「洛陽橋」，流傳至今。〔註61〕

《常熟寶卷》——《受生寶卷》

狀元要還庫內銀　解纜開船動身行
……

四面打聽無蹤跡　盡說沒有農家庭
狀元此時心著急　來到船頭看分明
只得跪下來祝告　蒼天在上聽分明
弟子只為來還債　不曉馬面這個人
正在對天來祝告　經洞悉天太白星

卻說上界太白金星，已經曉得蔡狀元誠心還債，故而起駕祥雲，便做一為人間老公公……道：「狀元啊！陽間銀子怎能還到陰間，這裡是陰陽隔界，死亡的鬼魂投胎之人，隔了一條河抄河投胎，你不如將你這些銀子，造一條橋吧，等來往鬼魂投胎之人便當一點，便道狀元爺造這條橋，我來取名叫落陽橋吧！乃這為老公公說罷一番話陣清風而去也。〔註62〕

從以上各版本的洛陽橋寶卷之中，蔡狀元起造洛陽橋的片段，就可以發現其動機已經完全跳脫其他文本的設定，這段劇情，剛好也可以說是洛陽橋寶卷之中一個承先啟後的關鍵劇情，蔡狀元要去換庫銀的原因是源自蔡父在地獄受罰，而向馬相借用了陰司庫銀，還銀未果，才有了後續建造洛陽橋的計畫。而從這七本洛陽橋寶卷來看，劇情上幾乎沒有被更動，有些版本劇情片段，在此段的文字內容重複性還非常的高，此一連動劇情，儼然成為洛陽橋寶卷的情節模板。

　　從洛陽橋寶卷中蔡狀元前往還金銀沒有成功，又受到老人指點才開始建

---

〔註61〕梁一波主編：《中國・河陽寶卷集》，頁332。
〔註62〕常熟《受生寶卷》為乙亥年（1995年）朱藏手抄本。

造洛陽橋的段落，可以整理出以下幾點訊息：

一、貴州為陰陽交隔之處：當初蔡狀元高中狀元從京城返鄉，意外來到貴州，後來要歸還庫銀，又從泉州再次來到貴州，在遇見老人時也是劈頭就詢問，陰界入口在哪？可見貴州為陰陽交會處的設定十分確立。而且在老人說服蔡狀元造橋時，也會說明此地（貴州）常有托生之人要從此處經過，造一條橋就可免除鬼魂投胎之時所要受的江水之苦，就更加的可以確定貴州在洛陽橋寶卷之中為地府的入口也是陰陽兩界的相隔之處。

二、陰陽兩界不相通：在蔡狀元以及指點迷津老人之間的對話中，都有提到陰陽兩界的銀子是不通用的，因此蔡狀元雖然準備了大量金銀，卻還是無法補足短缺的庫銀。還有，當蔡狀元遍尋不著陰界入口時，老人也是十分明確地的表示，陰界是陰界，陽界是陽界，世間上有陽壽者，是無法到陰間去的，且雖說蔡狀元曾經到過地府，卻是在迷途大霧之時誤入，而洛陽橋寶卷並未將貴州的這一個陰界入口細節寫清楚，也未交代蔡狀元是怎麼樣進入到陰司去，由此可見，蔡狀元進入到陰司，可說是歪打正著，通常陰陽兩界彼此之間是無法互通有無，相互交流的。在「沙上卷」中老人還向蔡狀元提到「陰陽相隔，你若再到陰間，不一定能還陽。」的訊息，更可以再一次確認洛陽橋寶卷之中陰陽兩界不相通的設定，造成蔡狀元若要歸還向陰司所借用庫銀就必須另尋他法。

三、蔡狀元造橋開端：在所有的洛陽橋寶卷文本當中，當蔡狀元找不到陰司入口時，就會有一位老人出現為蔡狀元指點迷津，並且建議蔡狀元起造洛陽橋，而這位老人的身分在其中幾本卷本當中不只是一位單純的老人而已，而是天上神祉特意下凡為蔡狀元指點迷津。

表 19：洛陽橋寶卷中為蔡狀元指點迷津老人身分設定

| 《江蘇無錫卷》 | 《洛陽橋寶卷》 | 太白金星 |
|---|---|---|
| 《民間寶卷》 | 《洛陽橋寶卷》 | 一般老人 |
| 《哈佛燕京卷》 | 《新刻洛陽橋寶卷》 | 地藏王 |
| 《同里宣卷》 | 《洛陽橋》 | 觀音菩薩 |
| 《沙上寶卷》 | 《蔡狀元造洛陽橋寶卷》 | 一般老人 |
| 《河陽寶卷》 | 《受生寶卷》 | 一般老人 |
| 《常熟寶卷》 | 《受生寶卷》 | 太白金星 |

在洛陽橋寶卷之中，這位為蔡狀元指點迷津的老人戲份不多，篇幅非常短小，但卻非常的關鍵，可以說是若沒有這一位老人的出現，洛陽橋寶卷的故事走向可能就會截然不同，而如此發展，讓蔡狀元起造洛陽橋之事顯得水到渠成，而指點迷津的老人身分被設定為天上神祇的時候，更讓蔡狀元起造洛陽橋的契機有命定的意味存在。

## 三、龍王批示「肚醋」

夏得海投海呈檄文的劇情，不論是在哪一類的洛陽橋故事之中，包含小說、戲曲、歌謠甚至是本章節所討論的洛陽橋寶卷，都已經變成一個非常常見的主題，而且大多的夏得海都沒有真正進到皇宮，而是在岸邊哭昏過去，由龍王的手下發現，並且發現夏得海身上有蔡狀元所書寫的公文，才知道狀元要起造洛陽橋一事。

在前一章節「洛陽橋故事常見母題」中有提到，當龍王看到蔡狀元請求退潮的檄文時，並未正面允諾，而是僅在檄文上批註「醋」字。而龍王所批示的「醋」字，就是利用析字法，在告知蔡狀元，洛陽江將會在「二十一日酉時」退潮。前一章節所提到的龍王批示的劇情在很多洛陽橋故事文本之中都可以看見，而在這些文本龍王都是只單單批下了一個「醋」字與其他洛陽橋文本不同是在洛陽橋寶卷之中，劇情將龍王決定退潮，讓蔡狀元繼續建造洛陽橋的時間點標示得更加明確。在本論文所研究的所有洛陽橋卷本之中，龍王在蔡狀元的檄文上批註的都不單單只有「醋」字，而是被增加為「肚醋」二字。

「肚醋」二字，同樣可以用析字法來拆解，「肚」可以分解為「月、十、一」三字，意思就是「十一月」，而「醋」字，與前一章節當中的洛陽橋故事一樣可以分析為「十、十、一、日、酉」等字，意思是「二十一日酉時」。因此「醋肚」二字的意思就是「十一月二十一日酉時」。增加了一個「肚」字，讓整個龍王批示的時間點更加明確。洛陽橋寶卷的文本在時間細節，本就較其餘洛陽橋故事還要詳細，例如寶卷會為蔡狀元、蔡父訂出非常明確的生日，有時甚至連時辰細節也有，另外洛陽橋的開工的黃道吉日也會特別標註出來，這些都是在其於洛陽橋文本中所未見的。

## 四、觀音襄助

觀音襄助蔡狀元造橋，並非洛陽橋寶卷中才有的特定劇情，但許多洛陽橋

故事，包含《閩都別記》、《臨水平妖誌》、《狀元香》、《四美記》以及《洛陽橋傳奇》中都有蔡狀元在興建洛陽橋所剩資金不足時，觀音化身美女站立於船上任人投擲金銀招親的橋段。

在這段觀音招親幫助蔡狀元籌措銀兩的片段，在洛陽橋寶卷之中，出現了一些新的元素在其中。在上一章節所講的洛陽橋故事中的觀音情節，常會出現呂洞賓前來搗亂，欲使觀音出醜，並安排一位賣菜小販以錢兩擲中觀音。此情節安排在洛陽橋寶卷之中被淡化了。反倒是另外創建了一個人物——張橫。

當觀音要幫助蔡狀元籌措建橋經費的時候，會化身成為一位絕世美人招親，其豔冠群芳的程度，眾人痴狂的態度，在許多寶卷段落有有提及，例如，「沙上卷」中的片段提到：

> 觀音在在白蓮船，變成美貌一千金。
> 上身穿件白綾袄，下身穿件白綾裙。
> 白綾汗巾腰里束，白綾膝褲左右分。
> 白綾絲帶分兩邊，白綾鞋子白後跟。
> 一身白綾猶還可，白綾手帕揩眼睛。
> 面如桃花初開放，一雙俏眼黑沉沉。
> 搖一櫓來過一村，口唱山歌不絕聲。
> ……
> 一路行到泉州府，轟動泉州萬千人。
> 長子看見標緻女，連聲讚嘆不絕聲。
> 矮子看見美貌女，急急奔來往前行。
> 駝子軋得華華挺，拐子軋得喊救命。
> 胖子軋得抽長氣，瘦子軋得哭煞人。
> 河上軋得彌陀念，倒是軋得破頭巾。
> 各鄉各鎮都曉得，轟動一班後生人。〔註63〕

從此段落就可見在洛陽橋寶卷之中，觀音的貌美程度可以說是迷倒眾生，眾人痴狂的地步，這也導致在洛陽橋寶卷中還安排了一位「張橫」的角色出現。「張橫」此一角色在「無錫卷」、「民間卷」、「沙上卷」、「河陽卷」中都有出現過，文本之中的張橫富可敵國，家中更是有許多金庫，可惜不夠正派，許多錢兩都是靠剝削平民百姓而獲得的，而且明明家中已經妻妾成群，見觀音美人，卻還

〔註63〕張芳主編：《中國‧沙上寶卷集》，頁415～416。

是大起色心，不惜開金庫投擲金銀，在「沙上卷」中提到：

> 張橫一見女千金，吩咐家人拿花銀。
>
> 取來六庫花銀子，張珩拿來丟千金。
>
> 家中七個嬌妻子，不及船中女佳人。
>
> ……
>
> 張橫七庫剩一庫，並未丟著美千金。
>
> 悶氣吞聲回家轉，六庫花銀丟乾淨。
>
> 且說張橫一肚皮氣，口裡嘮叨不絕聲：「不知哪裡來妖精，騙了我六庫金銀。」此時觀音說：「你們聽著，我不是妖精，我是南海觀世音。」叫聲張橫：「你這銀子是剝削來的，現要你支持蔡狀元造橋。」說罷變了一隻白蓮船，騰雲而去。〔註64〕

從張橫這一個角色的設定以及結局，也可以知道寶卷所講究的善惡有報，蔡狀元行大善事，造橋位百姓謀取福利，當造橋遇到困難時，自然得到神佛幫助，至於張橫剝削人民，欺壓百姓，牟取錢財，所以也造就了這些不義之財無法守成，金山銀山蕩然無存，善有善報，惡有惡報的觀念深入。

在洛陽橋寶卷之中，還加入了其餘類型的洛陽橋故事所沒有的觀音襄助情節。在蔡狀元決定起造洛陽橋時，也舉行了動土開工儀式，且這些開工儀式，甚至還安排了魯班二位仙師前來幫助蔡狀元造洛陽橋。洛陽橋寶卷中建橋的開工動土的儀式上，都會強調一個觀點「造橋期間不得用葷腥，必須齋戒吃素」。但是當開工造橋到後期，蔡狀元的建橋銀兩不足，連帶著工人石匠的吃食也不足了，這時就出現了獨一無二的觀音襄助劇情——「木廢變黃魚」。

「木廢變黃魚」的劇情在「無錫卷」、「民間卷」、「哈佛燕京卷」、「沙上卷」、「河陽卷」、「常熟卷」中都出現過。以「哈佛燕京卷」的片段為例：

> 造橋之人多辛苦　吃齋長素苦辛勤
>
> 觀音菩薩親身到　橋椿落下顯威靈
>
> 廢柴拿來丟水下　一口法水噴滿江
>
> 立刻木廢多變化　變化鯉魚滿海存
>
> 大士吩咐眾人聽　江魚捉起煮來吞
>
> 此魚無不鮮血示　只樣之魚不算葷

---

〔註64〕張芳主編：《中國‧沙上寶卷集》，頁415。

此時眾人心中喜　觀音大士救凡人〔註65〕

茹素不殺生是佛道教之中一個非常普遍的觀念，具有宣揚宗教教義功能的寶卷就也不意外的將茹素不殺生的概念摻入在洛陽橋寶卷之中。而觀音將木屑變成鰉魚，從魚的本質上看，的確還是木頭，而非真正生命，吃了木屑鰉魚，也就不算破戒，此劇情也顯得觀音大士的神通廣大、法力無邊，還有儘管蔡狀元才是起造洛陽橋的主持者，但進行洛陽橋工程的石匠工人同樣勞心勞苦、功不可沒，況且協助興建洛陽橋同樣屬於行善修德之事，且文本之中未有人因為忍耐不住飢餓，而破戒開葷，如此誠心行善，必定可以得到神佛的幫助。藉寶卷中觀音襄助的片段，也再次說明了寶卷之中強調了宗教虔誠的重要性。

## 第四節　小結

　　洛陽橋故事被改編成寶卷故事後，僅保存了些許原型，在文本內容之中還是可以看到屬於寶卷文學的獨有特色。在加入其餘洛陽橋文本故事中所沒有的劇情，像是遊地獄、神仙救助指點等，讓原本就十分具有神話色彩的洛陽橋故事，變得更加奇幻。而從以上對於洛陽橋寶卷的整理與分析來看，可以整理出洛陽橋寶卷所要探討的兩大主題。一、勸善：寶卷本身就具有非常濃厚的教化意謂，為善行善也是許多宗教教義之中所奉行的基本準則。而從洛陽橋寶卷來看，所有作惡的人，包含蔡父、胡大賓、王良聖或是一些卷本當中有提及的張橫都受到了懲罰，更是藉由蔡狀元的經歷證明了地獄的存在，警醒世人的成分相當濃厚。二、宣教：寶卷是許多民間宗教用來傳達信仰的媒介，藉由卷本中主人翁的經歷，來達到教義宣達以及安撫人心的作用。更是安排卷本的人物，虔誠修道，以這七本洛陽橋寶卷來看，「民間卷」、「哈佛燕京卷」、「沙上卷」、「河陽卷」以及「常熟卷」的結局，都是安排蔡狀元辭官返鄉，然後一家人虔心念佛修道，最後得道升天，喜得善緣。還有在「民間卷」、「哈佛燕京卷」、「沙上卷」以及「河陽卷」中，蔡狀元的父親其實是一位清廉愛民、處事正直的好官，如此好人被帶到地獄刑罰的原因都是「不唸佛經不信神明」，塑造出一種信仰不夠虔誠，就會遭罪的概念，同樣具有深刻的告誡之感，由此可以見得，洛陽橋寶卷當中濃厚的宣教意味了。

　　蔡狀元造洛陽橋的故事並非寶卷原創，而是改編民間流行故事而來，蔡狀

---

〔註65〕霍建瑜主編：《美國哈佛大學哈佛燕京圖書館藏寶卷彙刊》，頁579。

元的原型，是上一章節所提到的宋朝的蔡襄，而從許多不同類型的洛陽橋故事文本對比，就可以得知，雖然說洛陽橋寶卷取材至蔡狀元造洛陽橋的民間故事，但經由寶卷此一種文體的影響，洛陽橋寶卷已經不同於小說、戲曲等文體，而是自己走出了一條截然不同的故事脈絡。原先的民間洛陽橋故事，包含小說、戲曲、歌謠等，多把故事主題著重在洛陽橋起造的原因，因此，都會利用一定的篇幅說明洛陽江水洶湧險峻，為母親還願等劇情，而這一點在洛陽橋寶卷中卻被模糊掉了，反而聚焦在陰司、庫銀等概念上。

　　此七本洛陽橋寶卷，雖然同樣以蔡狀元造洛陽橋故事為軸心，但卻可以在不同版本的洛陽橋卷本之中比較出其中的差異，這就可以體現出寶卷作為口頭文學的特色。由於寶卷長期深入各個城市鄉村，經由時間的積累與推移，才得以發展出各個具有各地方特色的洛陽橋寶卷。

# 第四章　洛陽橋寶卷中的人物形塑

　　在洛陽橋寶卷當中塑造出了許多角色，不論是主角、配角，在劇情的推展上，每一個角色都扮演著相當重要的作用。這些人物的型塑，決定了故事情節的走向，也因此在洛陽橋寶卷中的人物的形象設定，變得十分鮮明。寶卷是屬於非常普羅大眾的民間文學，常常帶有宣揚信仰、棄惡揚善的作用，因此故事當中的角色形象愈是鮮明愈能在大眾心目中留下深刻的印象，也就能造成模仿或者是警惕的作用，對於宣揚宗教信仰或者是棄惡揚善的宣傳，具有很大的幫助效果。

　　在本論文所研究的八本洛陽橋寶卷之中，其中有幾個角色時常在不同版本的洛陽橋卷本中出現，儼然已經成為此故事當中不可或缺的存在，扮演著承接後續情節的關鍵因素，更擔任著為寶卷傳達重要思想的作用，但也有許多是為了增添故事完整性而加入在劇情之中的小配角。

　　在洛陽橋寶卷之中的許多角色，其中又以「蔡狀元」、「夏得海」以及「蔡父」這三個角色最為重要。這三個角色，不僅在形象的塑造上十分完整立體，而且對於有著信仰、娛樂、教化功能的寶卷，也都擔任著替寶卷宣傳理念的重要任務，因此蔡狀元、夏得海以及蔡父，本論文會在利用後段的獨立小節詳細分析這三位洛陽橋寶卷中重要的角色，其餘角色，則會在以下的角色簡介中，進行分析。

　　以洛陽橋故事為本，在眾多的卷本中有出現過以下的角色：

## 一、蔡狀元

　　洛陽橋寶卷中的最重要的主角人物就是蔡狀元了，而在不同版本蔡狀元的名字上也出現了些微的差距，例如，在「哈佛燕京卷」、「常熟卷」、「民間卷」

與「同里卷」中的洛陽橋寶卷裡，蔡狀元的本名叫「蔡頊」，而在「沙上卷」、「河陽卷」與「無錫卷」蔡狀元則叫「蔡旭」。而蔡狀元這一個角色更是貫穿了整個故事，為洛陽橋寶卷當中的主角，也是完成建造洛陽橋的人。在洛陽橋寶卷之中，在蔡狀元的形象塑造非常立體，而且鮮明的表現寶卷所要傳得的核心觀點是一位非常具有教化意義的角色。

### 二、婢女、馬面

婢女與馬面，這兩人是蔡狀元在陰間最率先遇到的兩個角色，同時也是兩個開啟洛陽橋寶卷故事的重要角色，兩人不但清楚的交代了「陰間」、「地獄」、「報應」、「受生」等概念，也同時是蔡狀元在地獄的嚮導與返回陽間的指南。當蔡狀元在遊地獄之時，因為婢女謊稱自己是蔡狀元的妹妹，馬面才會帶蔡狀元遊地獄，也因為這一層關係，當馬面知道蔡父在受刑時，才會以女婿的身分相救，並且出借大量庫銀，這也是蔡狀元日後造洛陽橋的一大因素。因此，婢女與馬面雖只有出現在故事一開始，卻扮演著不可取代的位置。

這位生前在蔡狀元家中服侍的婢女在不同的寶卷版本，其姓名的設定也略有不同：

### 表 20：洛陽橋寶卷中婢女姓名設定

| 無錫卷 | 民間卷 | 哈佛燕京卷 | 同里卷 | 沙上卷 | 河陽卷 | 常熟卷 |
|--------|--------|------------|--------|--------|--------|--------|
| 梅香 | 梅娥 | 梅娥 | 梅娥 | 梅娥 | 梅娥 | 梅香 |

這位小婢女在舊主迷途於地府時，伸出援手將其帶回家安置，並且為蔡狀元的到來，想了一個非常周全的說法，如「沙上卷」中梅娥將蔡狀元帶回家並與馬面見面的片段：

> 梅娥急便開口說，老爺在上聽原因。
>
> 此地不是陽間地，卻是陰司地獄中。
>
> 請到我家坐下說，吃杯茶後說你聽。
>
> ⋯⋯
>
> 梅娥說：「我與你兄妹相稱，我丈夫回來如此說。」狀元說：「也好。」梅娥叫狀元坐在荷花缸內，將缸蓋蓋好。到戌時，馬面回來了。他一到家便說：「娘子，怎有生人氣味？」梅娥說：「我陽間有一嫡親哥哥蔡旭，現在中了狀元，因他從京都回來到我家探親，現我將他放在荷花缸內，因為他說怕你馬面。」馬面說：「那我把馬面取下。」

而後，梅娥將狀元叫出，狀元上前，叫道：「妹夫在上，愚舅拜見。」

馬面還禮，口稱大舅，二人分賓主坐。〔註1〕

以上就是「沙上卷」中，婢女在洛陽橋寶卷當中所出現的片段，由婢女的表現可以知道他所表現出的形象為「忠心善良」、「細心機智」。婢女早已往生，其實已經不算是蔡狀元的丫環了，但見蔡狀元有難，並未放任狀元自己在地府之中尋覓，而是將其帶回家中安頓，解說來龍去脈，內心還是向著舊主蔡狀元，忠心善良的設定鮮明。再來，男女有別，更何況是實質上已是毫無瓜葛的狀元與婢女二人，為此原因婢女體貼的將二人身分定為兄妹，讓蔡狀元有了合理留下的理由，還能夠免除閒言閒語與馬面的質疑，聰慧形象油然而生。

而馬面聽聞是自己大舅子來訪，不但將駭人的馬面具取下，並且熱情款待蔡狀元，馬面的這一個舉動為地獄恐怖的形象減緩許多，把身為地獄代表的馬面形象塑造得如此親民，也是要讓聽眾可以免除對於地獄不必要的恐懼，「不做虧心事，半夜不怕鬼敲門」，只要行好事、存好心，不管是對於閻王還是鬼差皆不需要有過甚的恐懼之情。

### 三、蔡父

蔡父則可以說是整個洛陽橋故事當中的「因」，蔡狀元就是看見父親在地獄受刑，才向馬面借了大量庫銀，好幫助蔡父贖罪。而在寶卷中，蔡父的刑罰皆為「騎梁發背」，但是蔡關於父的罪名則分成兩種，其一：「不信佛法不敬鬼神」，其二：「為官仗勢、作惡多端」，造就蔡父在不同的洛陽橋寶卷中有著兩種截然不同的形象，而無論是哪一種罪刑或是哪一種形象，蔡狀元都是為了幫蔡父贖罪才會借了大量的庫銀，因此，蔡父在洛陽橋寶卷可說是至關鍵的一個角色。

### 四、蔡母、蔡妻

相對蔡父在洛陽橋寶卷中扮演著非常關鍵的角色，蔡母與蔡妻的出場段落就非常的有限，常常是被一筆帶過或者是根本未被提起。

### 表 21：洛陽橋寶卷中蔡母與蔡妻設定

|  | 無錫卷 | 民間卷 | 哈佛燕京卷 | 同里卷 | 沙上卷 | 河陽卷 | 常熟卷 |
|---|---|---|---|---|---|---|---|
| 蔡母 | 未提及 | 戚氏 | 未提及 | 趙氏 | 戚氏 | 戚氏 | 未提及 |
| 蔡妻 | 未提及 | 寶氏 | 寶氏 | 未成親 | 寶氏 | 寶氏 | 孫氏 |

〔註1〕張芳主編：《中國·沙上寶卷集》，頁408。

可見兩人雖為蔡狀元至親，但在故事之中並未擔任要角，被塑造出場的原因，多半是為了使蔡氏的整個家族顯得更完整。舉例來說，在「無錫卷」之中，完全沒有提及蔡母以及蔡妻是否存在，然而在「無錫卷」的故事，並未因為蔡母與蔡妻的不存在，而改變洛陽橋寶卷故事劇情的大結構，可見這兩個人在洛陽橋寶卷之中，僅是個無足輕重的小配角。

五、指點迷津老人

當蔡狀元匆匆忙忙準備好銀兩要拿去陰界歸還，無奈陰陽相隔，還錢無處，蔡狀元正焦急自己恐怕會拖累當初好心出手幫忙的馬面與獄吏，此時出現了一位老人，告訴蔡狀元，陰陽本相隔，陽間錢財也不被陰庫所接受，若真要還錢，不如將此銀兩用來做善事，經由這位老人的指點，蔡狀元才下定決心要建造洛陽橋。由此看來，這位指點迷津的老人，在洛陽橋寶卷之中扮演著一個很關鍵的角色。

這位指點蔡狀元的老人無論在哪一個版本的寶卷都有被提及，雖然無法得知其姓名，但不同寶卷之中，為這位老人的身分來歷也都有不同塑造，像是「哈佛燕京卷」說其為地藏王，而「常熟卷」即「無錫卷」則說是太白金星下凡，而「同里卷」則將老人設定為觀音的化身，其中也有不少寶卷並沒有將這位老人的身分神化，而是單純的設定成是一位年邁的長者，像是「沙上卷」、「河陽卷」與「民間卷」。這位指點迷津的老人，雖然扮演著一個很關鍵的角色，在洛陽橋寶卷之中佔有很重要的地位，但是這位指點迷津的老人的形象卻較為扁平，僅僅出現在一個小段落，在指點完蔡狀元後就沒有任何戲份了，因此表現出的形象較不立體。

六、夏得海

當洛陽橋造到一半，因為江水過深造橋工程無法繼續，但也不能因此放棄造橋，所以蔡狀元想到一個辦法，就是呈書給龍王，說明原委懇請龍王退潮幾日，讓造橋工程得以延續。但派誰去呈公文，卻是一大難題，因此，蔡狀元命公差幾日內必須找到人選。而選中「夏得海」的原因也極為荒唐，只因其醉酒之時，大聲喊道「我夏得海」，其實這句話只是表明自己「姓夏名得海」，無奈聽在官吏耳裡，卻成了自願呈書給龍王的人選。酒醒瞭解來龍去脈後，只得大哭大鬧，索性也因此驚動了龍王，讓公文順利得到批示。後因沒去過龍宮，而在蔡狀元面前大放厥詞，胡謅龍宮之景，屬於故事之中的甘草人物，也是洛陽

橋寶卷中相當經典的一個人物。

## 七、觀音大士

當蔡狀元把家產的金銀錢財全數投入造橋工程以後，卻還是在寶卷的後期發生了造橋資源短缺的問題。另外，由於洛陽橋是為了「投胎鬼魂」渡江時所用，牽涉陰陽生死等問題，所以在洛陽橋寶卷始造洛陽橋的片段，就已表明此造橋工程期間不得食用葷腥，因此工匠後期都因為勞累與資源不足，紛紛展露病容。上述的兩個問題在故事中，也都出現「觀音大士」前來相助的情節。其中造橋資金短缺的問題，觀音化身絕世美女，立於船頭，明言若是誰能以錢財丟中自己，便嫁與其作為妻子，因此許多覬覦觀音美色的人，不惜耗盡家產，紛紛投擲金銀，只是眾人都無法砸中觀音。而這些蒐集來的銀兩，觀音就全數交與蔡狀元作為造橋之用。而工匠們的糧食、體力問題，觀音則是將木屑灑往海中，神奇的是入海的木屑都變成了「蝗魚」，讓匠師工人得以食用，解決了人力上的問題，而觀音化身美女的橋段則是解決了財務上的問題，從上述觀音的兩種形象來看，可以得知在「洛陽橋寶卷」裡的觀音是非常鮮明與人性化的，並非高高在上被信徒供奉的神靈形象。

關於觀音大士出現在洛陽橋寶卷之中的意義，請見本論文第三章第三節中的「觀音襄助片段」。

## 八、胡大賓、王聖良、張橫

這三個人在洛陽橋寶卷之中，皆是屬於反面人物的代表，儘管所犯下的罪刑，都不到不可饒恕的境界，但是「惡」的形象非常鮮明，而且最後也都因為自己曾經犯下的惡事，而遭受到應有的報應。算是體現洛陽橋寶卷所要傳達的「善惡有報」的概念角色。

此三人在洛陽橋寶卷中都是「惡」的表現，不論陽間陰間也都受到應有的懲罰，展現洛陽橋寶卷之中要呈現的「善惡有報」的道裡，此論點分析可以參閱本論文第三章中的第三節之中。

以上列舉角色，有些在洛陽橋故事當中佔有舉足輕重的地位，也些角色更像是過場一般可有可無。以下各小節筆者會利用各版本寶卷的文本內容，對洛陽橋寶卷之中非常重要人物——「蔡狀元」、「夏得海」、「蔡父」進行關於這三個人的形象細節分析。

# 第一節　洛陽橋寶卷中「蔡狀元」的形象分析

　　綜觀整個「洛陽橋寶卷」的故事脈絡與人物關係與介紹,可以發現其中「蔡狀元」這個角色具有很關鍵的存在必要,可以說其餘角色都只是要促使蔡狀元建造洛陽橋而生,反倒是身為主角的蔡狀元,一直都處於較被動的、被影響導引的角色。像是意外到地府,不思考如何迅速返回陽間,而是就聽從婢女的話暫時留在地府。營救父親之時,也是仰賴馬面的幫助才得以成功,後來陸續受到指點的老人、夏得海與觀音大士的幫助,才會有後續建造洛陽橋的故事發生。而就算是蔡狀元一直屬於較被動的角色,卻還是可以從其中看見他的性格與形象。

## （一）聰明伶俐,才高八斗

　　在許多版本的洛陽橋寶卷裡,會首先在開頭之處就先介紹蔡氏一家,說明蔡狀元的家中情形、家族成員等。緊接著就會對這位寶卷中的主角做出最基本的人物形象設定,大多是述說蔡家之子,自幼聰慧,因此長大之後進京科考時,高中狀元。以「沙上卷」裡蔡狀元金榜題名時的片段為例:

> 招商店里住安身,用功讀書到天明。
>
> 三月初三頭場進,百花生日二場臨。
>
> 百花生日二場到,一連三場考完成。
>
> 黃榜挂在武朝門,天下公子看榜文。
>
> 狀元不是別一個,蔡旭排在第一名。〔註2〕

居高設定蔡狀元在科舉之中考取頭名的成績,可以見得在洛陽橋寶卷中,將蔡狀元的學識內涵被設定在一個很高的位置,並非學無不術,而是真有實力與才氣,而且從「招商店里住安身,用功讀書到天明。」也可知此人用功上進,並沒有仰賴天資而自視甚高,不知精益求精。

## （二）侍奉父母,孝順備至

　　從本論文的第二章,就可以清楚的知道蔡狀元會建造洛陽橋的契機是為了歸還所借的陰庫債,向陰庫借錢則是因為不忍自己的父親在地獄受刑,備受折磨。「河陽卷」中有提到蔡狀元在看見自己父親受刑時的反應:

> 馬面判官到家庭,說與大舅聽音信。
>
> 果然是岳父大人,毫無差錯確實真。

---

〔註2〕張芳主編:《中國·沙上寶卷集》,頁407。

> 　　你我兩人同商量，如何救出岳父身？
> 　　狀元只顧來痛哭，方寸已亂無辦法。
> 　　馬面對狀元說道，大舅不要太傷心。
> 　　帶我明日去房科，與房科先生共商議。
> 　　多少金銀買得出，才能救出岳父人。
> 　　狀元說道：「妹夫，你聽我說，只要能救出我父親，金銀多少，不成問題。」〔註3〕

雖然蔡狀元在得知自己父親正遭受刑罰時的反應，有些手足無措，但是從兒子看見原本應該安然待在陽間的父親竟然在地府受刑的角度來看，蔡狀元的慌亂，就顯得十分真性情，關心則亂。而且蔡父的贖金數目更是價高〔註4〕，而狀元卻只說「只要能救出我父親，金銀多少，不成問題。」可見蔡狀元將父親的安危擺在比金錢更重要的位置。

　　另外，所有寶卷其實都有蔡狀元高中科舉以及受到皇帝賞識並要賜予蔡狀元官職的段落，「十年寒窗無人識，一舉成名天下知」高中科舉，是古代讀書人升官發財的途徑，更是許多人夢寐以求的美事，蔡狀元本來是有著大好的前程，可以在朝為官，大展鴻圖，但洛陽橋寶卷中，每一個版本中的蔡狀元都會以「家中有年老雙親，望萬歲準臣還鄉侍奉二老」為理由，放棄平步青雲的機會，再一次印證，在蔡狀元的處世哲學中，將雙親的位置擺在名利之前，蔡狀元的「孝順」形象立刻鮮明的呈現出來。

### （三）有恩必報、信守承諾

　　在償還陰債，成功救出父親後，面對馬面的無償幫助，蔡狀元並沒有起任何歹念，故意要將此筆債務拖欠或是遺忘，反而是在確認自己遊地獄是真有其事之後，立刻籌備銀兩，要再次前往地府還債，表現出蔡狀元的性格正直，處事公正，並沒有因為地獄偏遠或是地府難行而作罷。陰陽兩隔，當蔡狀元找不到地府的入口，無法償還銀兩時，從蔡狀元當下的所思所想也能反應性格，以「哈佛燕京卷」中蔡狀元還銀未果的片段為例：

> 　　兒今要去還金銀…連夜開船趕路程。

---

〔註3〕梁一波主編：《中國・河陽寶卷集》，頁330。
〔註4〕《河陽・洛陽橋寶卷》、《常熟・洛陽橋寶卷》：十兆九萬五千四十八貫金銀錢帛、《惜陰・洛陽橋寶卷》：十兆九萬五千八百貫、《沙上・洛陽橋寶卷》：十兆九萬五千四百十八貫、《同里・洛陽橋寶卷》：十萬零四十八貫。

> 到了貴州來尋覓，東西南北無處尋。
>
> 狀元眼中留下淚，金銀耽擱在船存。
>
> 果然尋了真奇怪，小小村莊無處尋。
>
> 又恐害他梅娥女，恐其又害判官身。
>
> 尋來尋去尋不見，心中苦急十來分。〔註5〕

蔡狀元十分感謝馬面與婢女在地府時候的照顧，因此當無法歸還銀兩時，蔡狀元所表現出來的是愧疚與焦急，唯恐因為自己而害了他人，可見蔡狀元是一位懂得感恩之人，並沒有因為找不到地府的入口，就給自己無法還銀找一個正當的理由，索性放棄，延宕還銀兩之事。

再來，蔡狀元承諾造洛陽橋之後，便將籌措的銀兩全數用來造橋，而洛陽橋工程必須打造七十二環洞，在洛陽橋寶卷中洛陽橋工程可以分成兩個階段，第一環洞到第三十六環洞是第一階段，而第三十七環洞到第七十二環洞是第二階段。而蔡狀元造洛陽橋的困難皆是在第三十六環洞後發生。第一個困難是江水湍急，此困難因為龍王幫助退潮而解決，而第二個困難則是造橋資金不足。「常熟卷」中造橋資金不足片段提到：

> 不宣得海轉回家　再說狀元蔡項身
>
> 正要造橋動工程　在十一月廿一日酉時辰
>
> 要想採辦石木料　乎聽□□報一聲
>
> 十三船銀子用乾淨　狀元聽見急殺人
>
> 再有半條那能造　大家急得走無門〔註6〕

從此文本片段，可以知道蔡狀元已經將在陰司所借的銀兩全數耗費在建造洛陽橋之上，可見蔡狀元其實已經算是還了自己所欠下的陰司之債，洛陽橋後半段的工程蔡狀元可以說是已經沒有責任去承擔了，但從蔡狀元得知沒有資金繼續建橋時的著急模樣，就知道蔡狀元並未置身事外，而是已經將造洛陽橋的任務視為己任，從一開始的允諾還銀兩，再到發願造橋並未輕易放棄，「信守承諾」也成為蔡狀元在洛陽橋寶卷之中，一大獨特形象。

## 一、寶卷中「蔡狀元」形象特色

現今提到洛陽橋都還是會與北宋的蔡襄作為連結，甚至去到洛陽橋所在

---

〔註5〕霍建瑜主編：《美國哈佛大學哈佛燕京圖書館藏寶卷彙刊》，頁574。

〔註6〕常熟《受生寶卷》為乙亥年（1995年）朱藏手抄本。

之地（今福建省泉州市）當地都還設有紀念蔡襄的「忠惠蔡公祠」、「蔡襄紀念館」以及「蔡襄陵園」。而寶卷中的蔡狀元雖是以歷史人物蔡襄作為原型，但歷史人物「蔡襄」與寶卷的「蔡狀元」就像是兩個截然不同的人物，以下則是單就以寶卷中的蔡狀元作為主題，分析寶卷中的蔡狀元，不同於歷史以及小說、戲曲等其他文類的人物特色。

### （一）寶卷「蔡狀元」的形象類型

本論文所蒐集到的相關洛陽橋寶卷一共有七種文本，而就算是同樣以洛陽橋為主題的寶卷，在不同的文本，也會有差異，因此所要傳達的思想必定也會有所不同，這也會導致蔡狀元所呈現出的形象類型不同。首先以「蔡狀元」的背景設定來看：

**表 22：洛陽橋寶卷中蔡狀元背景設定比較**

|  | 時代背景 | 主　角 | 主角父親 | 主角背景 |
|---|---|---|---|---|
| 「民間卷」 | 唐太宗 | 蔡項 | 蔡昶 | 正直清廉賜其一子 |
| 「沙上卷」 | 唐太宗 | 蔡旭 | 蔡昶 | 正直清廉賜其一子 |
| 「河陽卷」 | 唐太宗 | 蔡旭 | 蔡昶 | 正直清廉賜其一子 |
| 「哈佛燕京卷」 | 唐太宗 | 蔡項 | 蔡昶 | 正直清廉賜其一子 |
| 「無錫卷」 | 唐明皇 | 蔡旭 | 蔡昌 | 文曲星下凡轉世 |
| 「常熟卷」 | 唐太宗 | 蔡項 | 蔡昶 | （未提及） |
| 「同里卷」 | 唐太宗 | 蔡旭 | 蔡昌 | （未提及） |

背景的設定裡，七本寶卷之中並沒有太大差異。主角的來歷，絕大多是因為蔡父為官清廉正直，所以上天憐憫，賜一子給本命中無子的蔡父，經由上天「特賜」這可以顯示蔡狀元的特別，有被上天選中下凡至人間的意涵在。而這種天選之人背景設定，在「無錫卷」中更為明顯，直接將蔡狀元的身分背景設定為「文曲星」下凡轉世，顯示蔡狀元本就命格不俗，非凡人也，為蔡狀元的身分更增添了神話色彩，若以神話角度來看，在「無錫卷」之中，蔡狀元建洛陽橋則更有一種命定的概念，建洛陽橋可視為文曲星下凡來的一項使命。

### （二）「蔡狀元」為官態度

從蔡狀元作官的態度上來看，蔡狀元對於官場名利並不留戀，在高中狀元之後，所思所想的盡是家中父母，寧可放棄職位也要返家侍奉雙親，從這一設

定上看，「蔡狀元」的形象是非常孝順的。雖說在小說、戲曲中，同樣將主角設定為狀元身分，但「懇辭官職」的行為，卻是洛陽橋寶卷獨有的設定。

### 表23：洛陽橋寶卷中蔡狀元前後期為官態度比較

|  | 前期——初中狀元 | 後期——洛陽橋修建完成後 |
|---|---|---|
| 「民間卷」 | 狀元啟奏養親本⋯⋯<br>君王准奏回家轉 | 合家人口多修道<br>狀元要念金剛經⋯⋯<br>狀元合門歸天界 |
| 「沙上卷」 | 臣家中有年老雙親，望萬歲准臣回家侍候二老。 | （未提及） |
| 「河陽卷」 | 蔡旭得中狀元之後，算算離家已久，掛念年老雙親⋯⋯伏望萬歲准臣還鄉探望雙親。 | 親眼看見陰間事<br>棄官行善去修行<br>便進皇城看萬歲<br>辭官繳印謝皇恩 |
| 「哈佛燕京卷」 | 尚望君王准臣本<br>放臣回家養雙親 | 不願為官去修行⋯<br>狀元一門多修道 |
| 「無錫卷」 | 容臣回鄉奉雙親<br>侍奉父母盡孝道<br>三年之後報君恩 | （未提及） |
| 「常熟卷」 | 想念家中二大人<br>欲思回家來看望<br>以後再到帝皇城 | 謝過皇恩歸清靜⋯⋯<br>狀元合家廣修行<br>功程圓滿上天門 |
| 「同里卷」 | 倷奉仔皇帝命令<br>拿么拿朝廷俸祿<br>回轉來服侍爺垓<br>一年後再到京城封官 | 封吏部之職，二品封疆。討仔狀元夫人，共生三子二女，五子登科。 |

　　而在眾多版本的結局裡，蔡狀元大多不願為官，除了「同里卷」中「蔡狀元」從此平步青雲，剩下的寶卷版本則是安排「蔡狀元」不被名利所誘，在洛陽橋竣工後，蔡狀元「辭官繳印謝皇恩」可以見得其不貪戀名利富貴的性格形象。而「哈佛燕京卷」、「常熟卷」、「河陽卷」、「民間卷」在結局都安排蔡狀元辭官、蔡父改過，一家人虔誠修行，最後得道升天。

　　從蔡狀元寧可在家修道念佛，也不願意當官的態度，就可以見得「虔誠修道」在寶卷之中比「五子登科」還要來得重要。這種一心向佛、棄絕官場的形象設定，也是洛陽橋寶卷中的蔡狀元獨有的特色。

## 二、洛陽橋寶卷中「蔡狀元」型塑意義

　　無論蔡狀元在寶卷裡的哪一種形象，都可以說並與歷史上的「蔡襄」並無直接的關聯，甚至可以將二人完全區分開來看，也就是說以蔡狀元的形象上來看，寶卷中的蔡狀元的性格與形象其實受到「寶卷」這一文體的風格與特色影響比較大。

　　寶卷是一種古老又同時兼具信仰與娛樂作用的文體，寶卷的發展甚至可追溯到唐朝的俗講，後來在宋元時期在社會與文化的交錯影響下，「寶卷」逐漸誕生了，最初的寶卷形式以佛教寶卷為主，講唱神佛或者是大眾修行的故事，到後來隨著寶卷的廣泛流傳，漸漸地在各地受到喜愛，最後甚至可說是已經深入進到了南北各地社會，成為民間推廣信仰、教化人民、休閒娛樂的一種活動，也常見許多思想被融入到寶卷故事當中。

　　如此一來，為什麼寶卷故事中的「蔡狀元」會與這一個角色的歷史原型人物「蔡襄」有著那麼大的差異性，也就可以解釋了。寶卷除了娛樂功能，它最主要的目的是要宣教與勸善。因此，「洛陽橋寶卷」中的蔡狀元就必須符合這一特點，例如：以勸善功能來看，蔡狀元在經歷遊地府過後，會開始體認到「報應」的概念，會瞭解人必須存善，若行惡事，終有一天會有所報應。所以如「常熟卷」、「無錫卷」與「同里卷」蔡父受騎梁發背的罪名是「為惡多端、貪贓枉法」就必定會安排蔡父在蔡狀元的勸說之下，改過向善。「常熟卷」中蔡狀元勸父親悔改片段：

> 狀元相勸兩雙親，善惡到底見分明
>
> 開口勸便爹爹聽，騎梁發背不非輕。
>
> 不是地府來看到，父親險乎命歸陰。
>
> 今朝勸修同修道，看破紅塵去修行。〔註7〕

「無錫卷」中蔡狀元勸諫父親片段：

> 狀元便把貴州知事分明說，蔡昌聽了卓然驚……蔡昌到：「……為父細想往日為人，的確罪業深重，從今日起一定要痛改前非，廣行方便，重新作人。」〔註8〕

「同里卷」中蔡狀元勸諫父親片段：

> （蔡狀元）【白】爹爹，你聽了

〔註7〕常熟《受生寶卷》為乙亥年（1995年）朱藏手抄本。
〔註8〕車錫倫主編：《中國民間寶卷文獻集成‧江蘇無錫卷》，頁1537。

（蔡狀元）【唱】……抬頭看到你爹爹老父親，秤扎鉤上吃苦頭，你是那剝削窮人不應該……幫你的陰債已還清。爹爹才能病轉安，勸爹爹從此改邪歸正重作人！

……

（蔡父）【唱】彎斷一根害人秤，改邪從善要歸正。〔註9〕

洛陽橋寶卷將蔡狀元設定為一個很有才氣之人，而這種才子，卻可以捨棄利祿，虔誠修道，這無疑是在倡導念佛修道的神聖與美好。藉由洛陽橋寶卷中對於蔡狀元的型塑，期待引起社會大眾的效法行為，因此，洛陽橋寶卷中的蔡狀元形象其實就是當時許多宗教團體對於社會大眾以及信眾的期待，希望透過如蔡狀元這般正面的主角形象，達到傳揚教義的效果。

## 第二節　洛陽橋寶卷中「夏得海」的形象分析

夏得海這一個角色，不僅僅出現在洛陽橋寶卷之中，連小說、戲曲、歌謠等都可以看到這一個角色。夏得海這一個角色，儼然已經與洛陽橋相關故事綁定在一起，夏得海在洛陽橋相關故事之中，所出現的段落就是為蔡狀元遞交退潮請求的檄文給龍王之時。以目前所蒐集到的所有洛陽橋相關故事來看，呈交檄文的任務，還未出現過除了夏得海的第二人選，都是由夏得海承擔此任務。因此，這也導致夏得海在洛陽橋寶卷中所表現出的形象，並不如蔡狀元在寶卷與其他文本，如小說、戲曲等，有著較為明顯的差異，夏得海不論是在寶卷、小說、戲曲、歌謠都扮演著如甘草人物的丑角，鮮少有其餘的形象出現。而七本洛陽橋寶卷中的夏得海，也大都以荒誕的形象示人，除了「同里卷」之外。因此，此小節會利用各個卷本整理出洛陽橋寶卷中的夏得海形象，並且比較與「同里卷」中的夏得海差異。

夏得海的形象在洛陽橋寶卷之中非常鮮明，除「同里卷」外，其在其餘的六本卷本之中，形象都十分的統一。

## 一、寶卷中「夏得海」形象特色

### （一）荒誕醉隸，脫序不拘

夏得海荒誕的形象深植人心，「醉」這個形象，儼然成為夏得海的代表。

---

〔註9〕俞前主編：《中國‧同里宣卷集》，頁294。

在何喬遠的《閩書》中就有提到「忠惠為檄，使隸投之海，若而告之。隸嘆息曰：『茫茫遠海，何所投檄？』買酒劇醉，臥小艇上……」在《閩書》當中甚至都還沒有「夏得海」這個人字的出現，這位投海呈交檄文的小吏官就已經與「醉」字連結在一起了，每每出現總不免要酩酊大醉一番。在洛陽橋寶卷之中，夏得海在出場之時，所呈現的也都是醉醺醺的狀態。例如，「無錫卷」中夏得海的出場片段：

> 再說兩個公差，已在尋得七葷八素細心訪查，只見前面有一醉漢自言自語說道：「我个名字真寶貝，人人聽我夏得海，東海龍王搭我老朋友。」〔註10〕

以及「哈佛燕京卷」夏得海的登場片段：

> 狀元就差了公人几個，去訪一個能下得海去的人，重重有賞，公差就出去尋覓，卻遇著一個酒鬼，自稱我叫夏得海，今日醉了。公差聽了此言，急便上前孼住，說道，夏得海，如今教你前去，見狀元老爺便了。〔註11〕

從以上兩個片段來看，不管是夏得海自吹自擂說自己能夠親身下到海底，甚至還與海龍王是好朋友的脫序失言行為，還是找人的公差誤解了「夏得海」三字，並非表示能力的動詞而僅是表達自己名字的名詞，這兩種情況，都是在夏得海醉酒的狀態之下產生的。試想，若當時夏得海並未醉酒，也就不會發生後續一連串的事件，因此「醉」的形象，已經成為洛陽橋故事中夏得海的必需形象了。

　　醉酒荒誕的形象不只在夏得海出場時出現，也可以從他酒醒後，得知自己被蔡狀元派遣到海底龍宮呈交檄文時的反應看到，「哈佛燕京卷」中提到：

> 得海走出公館外　　拍手搥胸像癡呆
> 只願爹娘真可恨　　偏偏下得海是我名
> 阿毛阿狗多好聽　　小名叫得真可憐
> 如今狀元來差我　　叫我那哼下嗜海
> 胸前排票孼來看　　兩行眼淚落紛匕
> 大哭一聲驚天地　　龍宮地府盡知聞
> 得海哭死海灘上　　有如夢去見閻王
> ……

---

〔註10〕車錫倫主編：《中國民間寶卷文獻集成・江蘇無錫卷》，頁 1552。
〔註11〕霍建瑜主編：《美國哈佛大學哈佛燕京圖書館藏寶卷彙刊》，頁 577。

> 兵將隨即去查，回來報道，現在將攤之上，有一個酒鬼，名叫夏得
> 海，他身邊有文書一角，拿來呈上……〔註12〕

當夏得海醉酒清醒，才發現自己要去完成一件幾乎是不可能成功的任務，這時
候的夏得海並沒有積極的去尋求解決的方法，而是迷迷糊糊的又來到海邊，不
知所措地放聲大哭，在此處每一版本都僅僅只用「醉鬼」、「酒鬼」來描塑夏得
海。這種哭得聲嘶力竭，喝得不省人事的行為，完整的展現夏得海是一個荒誕
醉吏的設定。

### （二）調皮神祇，被貶人間

綜觀整個洛陽橋寶卷故事，可以發現夏得海可以算是一位十分幸運的人，
在醉酒的時候胡亂接下呈交檄文的任務，幸得龍王幫助，不僅可以得到賞銀又
可以避免受到懲處，最後在許多洛陽橋寶卷的結局之中，因為夏得海幫助江水
退潮，所以洛陽橋竣工後也連帶著得到了獎賞，但其實夏得海真正做到的事
情，就只是糊里糊塗把自己喝得爛醉，剩下的一切全仰賴機緣巧合。可見，如
此受命運青睞的夏得海並非一般人，而夏得海在「民間卷」、「哈佛燕京卷」、
「沙上卷」、「河陽卷」、「無錫卷」中也都有特別提及夏得海的來歷。

表 24：洛陽橋寶卷中夏得海背景設定比較

| 「無錫卷」 | 水府星君系上錢龍玉女下凡 |
|---|---|
| 「民間卷」 | 天上星辰調戲玉女而被罰下凡 |
| 「哈佛燕京卷」 | 玉帝插香童子譏笑玉女被罰下凡 |
| 「同里卷」 | 一般菜農 |
| 「沙上卷」 | 玉帝揀香童子調戲玉女被罰下凡 |
| 「河陽卷」 | 玉帝插香童子譏笑玉女被罰下凡 |
| 「常熟卷」 | （未提及） |

除了「常熟卷」忽略夏得海的背景設定，沒有提及此事，以及「同里卷」將
其設定為一名普通的菜販，在其他寶卷之中，最常幫夏得海設定的背景就是
「童子戲弄玉女而被處罰下凡」，從這一個角色背景來看，夏得海在形象設
定上絕對不會是溫潤的謙謙公子，調皮隨興的性格塑造就十分明瞭了，這種
調皮隨興的形象套用進夏得海下凡以後的生活，沉醉酒館，胡鬧惹事也非常

---

〔註12〕霍建瑜主編：《美國哈佛大學哈佛燕京圖書館藏寶卷彙刊》，頁578。

貼切。因此，洛陽橋寶卷裡對於夏得海的背景設定，讓這個角色的形象更加立體清楚了。

## （三）搬弄小慧，瞎三話四

在龍王批示「肚醋」二字在檄文之上時，夏得海僅是因為檄文與原先不同，便呈交給了蔡狀元交差，完全沒有去思索此事件的合理性，從他貿然回衙門覆命的舉動來看，便可以知道他是一個不拘小節、思考不夠縝密之人。且比較蔡狀元以及夏得海在看見龍王寫的「肚醋」二字時的反應，蔡狀元在看到檄文後，馬上知曉海龍王的意思是同意在十一月二十一日酉時退潮，可見蔡狀元的聰慧，而夏得海看「肚醋」二字，僅是幸然地認為可以交差，對於「肚醋」二字的內容之意也未去進行了解，可知夏得海相較狀元是顯得較為遲鈍，心思也不夠細膩。雖然夏得海給人的形象粗枝大葉的，但是這並不代表夏得海愚笨駑鈍，從蔡狀元開心拿到檄文後，問起夏得海，海底龍宮的情景時，就可以發現夏得海這個人角色的形象其實在大而化之中還帶有些小聰明。「河陽卷」中夏得海呼弄蔡狀元的片段：

> 一看牌票上添了兩个朱筆紅字，雖然不懂什麼意思，心中想這一定
> 是天助我也。急忙往狀元公館而去。一邊跑，一邊想好了很多鬼話
> 去哄騙狀元，才可以立功。
> 得海來到狀元府，雙膝跪在狀元前。
> 啟秉狀元聽我說，得海奉命龍宮去。
> 海闊水深鼓足勁，波浪滔滔勇前行。
> 游到龍王店附近，看看都是水晶品。
> 水晶牆門水晶廳，水晶方磚水晶窗。
> 水晶門檻水晶壁，水晶梁上掛水晶燈。
> 水晶椅子水晶台，龍案也是水晶做。
> 水晶對聯水晶軸，龍王猶如水晶人。
> 龍袍龍帽是水晶，腳上烏靴是水晶。〔註13〕

從夏得海不著邊際，瞎三話四的捏造龍宮景像，就可以知道夏得海絕對不是愚笨之人，其仗恃著反正無人真正到過龍宮，無法驗證自己話語當中的真假，就恣意地胡說。因為夏得海清楚地知道，無論自己說出多麼不合理的事，真正的

---

〔註13〕梁一波主編：《中國・河陽寶卷集》，頁 335。

真相也無從查起，而從「急忙往狀元公館而去。一邊跑，一邊想好了很多鬼話去哄騙狀元，才可以立功。」可以知道夏得海其實是經過思考才敢公然瞎說，並且開心獲得賞銀離去。從夏得海哭倒在海邊到最後竟然功成身退，就可以確定，夏得海在洛陽橋寶卷當中的型塑絕對不單單只是一個搞笑的丑角，這個角色還具有非常高明的臨場智慧。

## 二、「同里卷」中「夏得海」與其他寶卷的相異之處

「同里卷」的內容較為獨特，是由沒有底本的宣卷先生現場講唱來的，因此所呈現出來的內容也常與相同卷名不同版本的寶卷有著很大的差異。

「同里卷」當中的夏得海，就完全跳脫了一般洛陽橋故事當中夏得海荒誕醉隸，脫序不拘的形象，在「同里卷」中夏得海被設定為是一名普通的菜販，不但沒有醉酒，反而勤勉於自己的工作之中，沒有半點荒誕隨興的滑稽感。「同里卷」的設定夏得海得知蔡狀元以一千兩的賞銀作為報酬在尋人，在工作完畢之後也前來湊熱鬧，同樣的因為姓名讀音的關係，最後被指派前往龍宮。「同里卷」版本的夏得海，在得知自己要前往龍宮時，只是傷心地拿著一千兩報酬返家。此時的夏得海形象就已經有很大的不同了，在其餘的寶卷之中，夏得海得知自己要前往龍宮，是買醉大哭，最後昏死在海邊。而「同里卷」的夏得海則顯得較有責任心：

〔唱〕娘子啊！

臨別與妻講分明，天坍大禍到門庭。

賣菜回家路來行，但見圍了一群人。

却原來蔡狀元要把橋來造，風急浪高要招能人。

告示上面寫得清，拿我下（夏）得海人來尋。

給我一千兩賣命錢，回家別妻到湖心。

看來是馬上就要命歸陰，娘子啊，得海一死你莫傷心。

好得你娘子還年輕，重新再去嫁男人。

丁萍啊，千嫁人萬嫁人，勿能讓我个伲子受孤怜，

拿伲阿大帶仔走，帶到男家做「脫油瓶」。

實指望待等阿大長成人，回轉再做我夏家格人。〔註14〕

從這段文字中可以見得以下兩點「同里卷」中夏得海與以往截然不同的性格。

〔註14〕俞前主編：《中國·同里宣卷集》，頁298。

一、為人老實：在沒有醉酒，十分清醒的狀態之下，僅聽聞「下得海」三字，就以為官府要找的是自己，甚至未曾辯駁，老實的接受銀兩，承接任務。且從「看來是馬上就要命歸陰」這句話來看，「同里卷」的夏得海並未想尋求任何的旁門左道，而是真實的打算到海底呈交檄文。從其行事上一點都不投機取巧，便可知此位夏得海的角色性格上相當的老實。二、責任心：拿到千兩報酬的夏得海，沒有胡亂使用這筆金錢享樂，而是直接返回家中，與妻子丁萍話別，並且交代生後事，包含對於妻孥的以後人生規劃，可見夏得海有意識到自己此行凶多吉少，因此直接做了最壞的打算。按理說，夏得海此時的心情應該是害怕不安，卻還是將家人安排妥當了，塑造出夏得海對於家庭是相當有責任感的。

　　在本論文的第三章洛陽橋寶卷主題探討與情節分析中有提到，所有洛陽橋寶卷之中，唯獨只有「同里卷」的夏得海有真正去到海底龍宮，親自見了龍王並且遞交檄文，過程甚至差點一命嗚呼，幸得龍王渡了一口龍氣才因此獲救，並且在回程時龍王賜予夏得海分水珠，夏得海才能夠安全的返回陸地。從夏得海如此扎實地完成任務，沒有半點投機取巧的成分在，所可以知道「同里卷」塑造出了一個與以往荒誕不羈截然不同形象的夏得海。

## 三、洛陽橋寶卷中「夏得海」型塑意義

　　夏得海在大部分寶卷之中的形象，並未與其他文本有著太大的差異，像是不論在哪一種類型的文本，夏得海的形象是非常有特色的，很少像是「同里卷」一樣為夏得海另外塑型。

　　那麼在洛陽橋故事中佔有一定地位的夏得海在洛陽橋寶卷中以荒誕不拘、大而化之又帶有一點小慧的形象所能傳的意義為何？筆者以三點來進行討論，第一：荒誕的醉吏形象雖然深刻，但寶卷之中的夏得海其實沒有做過真正的惡事，所以可以說夏得海所代表的人物與其要用好壞來定義，不如說他是一個自由的人，還有這個角色在遇見困難時所表現出的大悲大喜，也可以說是真性情的展現，所以比起汲汲營營、爭名奪利的人，在寶卷的理念中，其實更欣賞夏得海這種自由率真的表現。第二：以神格化夏得海的方式彰顯洛陽橋落成是仰賴天恩。洛陽橋提升了當時人民的經濟、交通等品質，那麼依靠洛陽橋生活的人民自然就更容易接受洛陽橋寶卷當中所要宣揚的理念。第三：夏得海在洛陽橋寶卷的戲份主要就是出現在幫助蔡狀元遞交檄文給龍王的片段。七

本寶卷所謂夏得海安排的結局各有不同。

### 表 25：洛陽橋寶卷中夏得海人物結局比較

| 寶卷版本 | 夏得海結局 |
|---|---|
| 「無錫卷」 | 完成任務後喜得一百兩後離去。 |
| 「民間卷」 | 得十兩賞銀，蔡狀元還為夏得海求得翰林官職。 |
| 「哈佛燕京卷」 | 與蔡氏一家虔誠修道，最後得以上天庭。 |
| 「同里卷」 | 先得一千兩報酬完成任務後再得三百兩賞銀。 |
| 「沙上卷」 | 完成任務後得到兩只元寶以及一罈酒。 |
| 「河陽卷」 | 行善修身得得正果，來生得以投胎至富貴人家。 |
| 「常熟卷」 | 完成任務後喜得五十兩後離去。 |

無論過程如何，以結果來看，蔡狀元的確是在夏得海的幫助，才能在一連串的陰錯陽差中成功地將懇請退潮的檄文呈交到龍宮去，洛陽橋才得以順利落成。以此說法，夏得海也就算是幫助造洛陽橋的功臣了，洛陽橋的落成可說是造福千萬百姓，屬於行善之事。因此，做了善事的夏得海自然可獲得美好的結局，有勸善的觀念存在。

## 第三節　洛陽橋寶卷中「蔡父」的形象分析

　　蔡狀元的父親在每一個版本裡的洛陽橋寶卷均是十分關鍵的重要的一個角色。尤其在洛陽橋寶卷中「地獄」的觀點非常鮮明，而蔡父就是在地獄受刑罰的代表性人物。因此相較小說、戲曲等洛陽橋故事，洛陽橋寶卷當中的蔡父可以說是無法被抹滅的存在。若是少了對於蔡父這個角色的形象鋪墊，就不會有洛陽橋寶卷後續的發展，蔡父角色所代表的形象，在洛陽橋寶卷的思想傳遞有著關鍵的影響。

### 表 26：洛陽橋寶卷中蔡父罪名比較

| | 無錫卷 | 民間卷 | 哈佛燕京卷 | 同里卷 | 沙上卷 | 河陽卷 | 常熟卷 |
|---|---|---|---|---|---|---|---|
| 姓名 | 蔡昌 | 蔡昶 | 蔡昶 | 蔡昌 | 蔡昶 | 蔡昶 | 蔡昶 |
| 罪名 | 作惡多端 | 不信神明 | 不信佛法 | 罪大惡極 | 不念佛 | 不信佛法 | 作惡多端 |

由上述表格來看，在洛陽橋寶卷之中，蔡父這一個角色，非常明確的被分成兩

種類型，一、作惡多端。二、不信佛法。以下會以寶卷內容去分析整理蔡父所呈現出的兩種形象。

## 一、寶卷中「蔡父」形象特色

在第二章當中所介紹的許多洛陽橋故事文本，其實都沒有提到蔡父的出現，因為蔡狀元營救父親，借陰庫，最後起造洛陽橋，是在洛陽橋寶卷之中才有的設定，因此蔡父這一個角色就也是等到洛陽橋寶卷出現，才開始被重視，才變的立體鮮明。不然在以往的洛陽橋故事當中，蔡父往往都是像蔡母、蔡妻在洛陽橋寶卷一般，並沒有被著重描述。而蔡父做為洛陽橋寶卷中在地獄受罰的代表，其所犯之惡事，也就表現出其性格，可以分成兩類。

### （一）為官仗勢、作惡多端

蔡父因為在陽間犯下太多惡事，而被處罰到陰間受刑的設定，出現在三本洛陽橋寶卷之中，包含「無錫卷」、「常熟卷」以及「同里卷」，在這三本寶卷之中，蔡父的形象都一直要到蔡狀元發現父親在地獄受罰時，才會藉由馬面的說明被清楚地樹立出來，這一段文字會交代蔡父的生辰以及所犯的罪名，蔡父的形象設定便一目瞭然。在「無錫卷」提到：

> 馬面道，舅兄你有所未知，這位老人是洛陽人氏，姓蔡名昌，他靠官仗勢，作惡多端。他在陽間只知行兇作惡，乃知精神在陰司受罪。〔註15〕

「常熟卷」中提及蔡父罪刑的片段：

> 老人扎只背皮秤的就是我的生身父親，不知犯了何醉，請你說我知道。乃馬面一聽呆了半個時辰，啊！大舅，此人姓蔡名昶，因為在朝做官一向看不起平民百姓，故在此陽上罰他生一個騎梁發背。〔註16〕

「同里卷」中馬面說起蔡父罪刑片段：

> 說，「嘿、嘿」，舅佬倌啊，儂勿曉得埃，提起這個狗老頭，他罪大惡極，他不該大斗進小斗出，還有騙窮人跟水銀秤，伊是惡貫滿盈，現在伊三魂六魄只來了二魂四魄，還有一魂二魄勒浪伊深浪，叫伊纤命而亡啊！〔註17〕

---

〔註15〕車錫倫主編：《中國民間寶卷文獻集成・江蘇無錫卷》，頁1531。
〔註16〕常熟《受生寶卷》為乙亥年（1995年）朱藏手抄本。
〔註17〕俞前主編：《中國・同里宣卷集》，頁290。

由上面所引用的三本寶卷內容，便可以知道，蔡父非常具體的形象，就是民間百姓最痛恨的貪官類型，剝削窮人、欺壓百姓，是一種十足惡人的形象。

### （二）清廉正直、不信佛法

在「民間卷」、「哈佛燕京卷」、「沙上卷」以及「河陽卷」中的蔡父則呈現出與「無錫卷」、「常熟卷」以及「同里卷」裡完全不同的形象。一改貪官腐敗的氣質，直接將蔡父設定為清廉正直、不可多得的好官。

在這四本寶卷之中，蔡父為官態度端正到四本卷本都在開卷時提到蔡父其實本來命中無子，命格上是會絕後的，但上天憐其勤政愛民，因此特賜其一子。因此，在這四本寶卷中的蔡父形象是非常正面的。而如此正面的蔡父，卻不免還是到了地獄受刑罰，所犯下的罪刑，都與信仰有關聯。如「不念佛」、「不信神明」、「不敬三寶」等，從此可以了解到蔡父在此的形象，就是過於耿直，甚至可以說是鐵齒的地步了，才會犯下不敬神明的罪名。

## 二、洛陽橋寶卷中「蔡父」型塑意義

蔡父在洛陽橋寶卷之中所呈現出的形象非常分明，一是剝削窮人、為官仗勢的惡霸，另一則是勤愛清廉但是不信宗教的好官。蔡父會有這兩種截然不同的形象，其意義可以用寶卷文學的兩大功能來講：勸善以及宣教。

從「無錫卷」、「常熟卷」以及「同里卷」中蔡父的存在可以非常明確的表現「惡有惡報」的道理，俗話說「舉頭三尺有神明」，儘管在陽世間手裡掌握可以一手遮天的權力，但在寶卷中的設定是只要犯下惡事就必然會遭受報應，陽間不報，陰間還報。如同蔡父，在陽間惡事做盡，奈何其在朝為官，正義總是無法被伸張，但就算陽間法律無法撼動他的地位，懲處他的罪刑，總會有陰間地獄來主持正義。由此來看，蔡父從作惡到遭受報應，對於蔡父的惡人形塑意義有二點，一、警惕世人，必定要行善不可作惡。二、安撫人心，當百姓面對不公之事、強權惡霸時，得知總會有閻王、地獄等人執行正義，這就可以達到慰藉人心的效果。

當宣卷的主要目的是傳達宗教，若是聽卷者無法認同教義理念，甚至投入信仰，那也就代表目標失敗，沒有達成宣卷目的。可以推論在「民間卷」、「哈佛燕京卷」、「沙上卷」以及「河陽卷」四本寶卷之中，宣卷所要傳達的目的，「宣教」是大於「勸善」的，也因此安排明明身為好人而且清廉愛民的蔡父，

因為不夠虔誠而遭受懲處，在這類寶卷之中，不夠虔誠就可以說是一種犯罪，如同多數宗教信仰的教義之中就會告誡信徒必須虔誠、必須忠心。所以當聽卷者得知性格良善的蔡父僅僅是因為不敬佛、不念佛就遭受地獄之刑，那麼為了走避刑罰，就會對此宗教產生尊敬之心，也就可以達成宣教的目的了。

在洛陽橋寶卷的結局裡，無論是為官仗勢、作惡多端的蔡父還是清廉正直但不信佛法的蔡父，都會在接受地獄之刑以後以及蔡狀元的勸說之下，改邪歸正，惡人形象的蔡父不再仗勢為官，開始正直行事，而不信佛法的好人形象蔡父，也開始誠心信仰，修道念佛，然後得道升天，獲得福報。從安排蔡父獲得美滿結局來看，除了勸善以及宣教之外，蔡父還有一種規勸的力量在，「放下屠刀，立地成佛」，只要有心，所有惡事都可以力挽狂瀾，也都可以得到救贖。

# 第四節　小結

洛陽橋寶卷是在許多寶卷目錄當中十分常見的主題，故事情節有趣，所要傳達的概念也很清晰。洛陽橋寶卷當中的主角「蔡狀元」是取材於歷史上的真實人物，宋朝著名書法家「蔡襄」，但經過梳理後，可以發現這位「蔡襄」到了寶卷，原本的影子已經是蕩然無存，所以甚至可以說〈洛陽橋寶卷〉只是借了「蔡襄」來寫「蔡狀元」，本體是蔡襄，但在角色的設定型塑上已經注入了全新的元素在裡頭。不僅只有蔡狀元的形象定位如此，洛陽橋寶卷當中的許多人物形象都因應著寶卷文學的需求而做出了改動，讓洛陽橋寶卷裡的許多角色帶有行善、教化等功能，這種改動，也讓許多洛陽橋寶卷中的人物型塑更具特色。

在整理分析洛陽橋寶卷當中的人物形象後，可以發現包含蔡狀元、蔡父、婢女、夏得海等人的形象，都非常的清晰明確，不太會有介於灰色地帶，形象模糊的角色。寶卷是藉由口頭形式在傳播，這種說故事的文學型態，就需要將單一人物形象定位清楚，不但可以讓聽眾更快進入到故事劇本當中，也讓各個角色所要宣揚的道理更純粹，如此一來，就更能夠被聽眾理解然後效仿或規避。

# 第五章　洛陽橋寶卷中的宗教思想傳遞

　　寶卷是一種口傳文學，傳播的形式已經融合在人民的日常生活之中不可分了，它與許多古老的神話、信仰、宗教儀式以及民俗活動有著緊密的血緣關係。因此，在寶卷之中的故事常蘊含著「祈福禳災」、「因果報應」、「靈魂不滅」、「積德行善」、「祈求長生」、「功德圓滿」等神話思維模式的敘述。[註1]

　　在寶卷的發展與流行之下，在民眾心中寶卷已經不只是一個單純的宗教儀式，在卷本故事不斷的薰陶之下，寶卷當中所傳遞的觀念儼然成為人們心目中無法撼動的信仰精神。在許多的民間教派，都會將經卷是為一種神授信物，而這些卷本皆蘊藏著無限的神力，因此聽眾、信徒敬會在舉行法會儀式上，念誦經文，用來向神明祝禱、祈福、消災、還願等。[註2]從此觀點看來，寶卷在民間中有著非常深厚而且不可抹煞的基礎，卷本當中的角色們就可以被視為人民生活當中的壓力宣洩出口，體現著人民心中不可得卻又最真實的冀望，因此，對於寶卷之中所傳遞的思想，時常會在人民的冀望之中，變成人民追求美好生活的動力，相信自己只要奉行、遵從寶卷當中的信仰圭臬，就並能如同卷本故事中的角色們一樣得道升天，擁有完美的人生結局。

　　從寶卷的宣卷儀式的風行，就可以知道，寶卷相當具有娛樂的功能，否則無法在各地方的城鎮中流行起來，但寶卷絕對不是單純只具有娛樂性質的

---

〔註1〕 李永平：《禳災與記憶——寶卷的社會功能研究》（北京：中國社會科學出版社，2016 年 5 月），頁 60。
〔註2〕 李永平：《禳災與記憶——寶卷的社會功能研究》，頁 61。

文體，它包含了大量的道德教化功能，其「勸善」的涵蓋面，從日常行為到家庭生活，都有著很廣泛的涉略，用以規範人們生處在世間時的行為舉止，宛若道德教科書。〔註3〕而在洛陽橋寶卷的故事之中，也有許多宣揚著「勸善」觀念的段落，像是胡大賓、王聖良因為在陽間作惡事而被帶到陰間受罰，相反的蔡狀元發願造橋，且洛陽橋在竣工以後造福了無數百姓，因此行善的蔡狀元得道升天，勸善的意味非常明顯。另外，在寶卷之中，「宣教」也是常見的一種功能，例如在洛陽橋寶卷之中，有些版本的蔡父，明明是清廉好官，卻因為不信佛法、不敬神明而被帶到地府受刑，還有在洛陽橋竣工後，蔡狀元並未重返官場，而是吃齋唸佛，虔心的修道，宗教觀念的宣揚不言而喻。「勸善」以及「宣教」是寶卷之中兩種最常見到的思想，這其中更包含了宗教思想在其中。

　　洛陽橋寶卷是由知名洛陽橋故事改編而來的，因此可以被分類為民間故事寶卷。而清代後期的民間寶卷，雖然沒有明顯的宗教歸屬，但演唱寶卷仍會結合民間信仰活動進行。而這些依附著民間信仰活動的寶卷，其內容之中就必定會有民間信仰的特徵。〔註4〕洛陽橋寶卷當中的宗教思想，也無法用單一用佛教或者是道教來界定，反而以「民間信仰」來說明會更加的貼切。

　　民間的宗教信仰，往往不會只有截取自某單一宗教信仰的教義，而是會摻揉進許多流派的思想，因此民間信仰所宣達的教義具有多元豐富性，更時常會配合時代、地區以及各地方的文化而做出改變，為的就是能夠達到大眾對於宗教的期待以及心靈上的自我滿足需求，所以具有非常大幅度的可變性。在馮佐哲所著的《中國民間宗教史》之中，甚至提出「民間宗教」的起源應該在於民間，也流行興盛於民間，並且是由民間的普通老百姓自己主動接受的一種宗教。〔註5〕而流行興盛於民間的民間寶卷當中最常傳遞的信仰，就屬於民間宗教了。

　　車錫倫在《信仰・教化・娛樂——中國寶卷研究及其他》中，對於洛陽橋寶卷這一類的民間寶卷的宗教信仰提出了見解：

　　　　民間寶卷中架構的神鬼體系，不是建立在縝密的宗教觀念之上，而

---

〔註3〕陸永峰：《論寶卷的勸善功能》（北京：《世界宗教研究》，2011年第3期），頁251。

〔註4〕車錫倫：《信仰・教化・娛樂——中國寶卷研究及其他》，頁31。

〔註5〕馮佐哲、李富華：《中國民間宗教史》（台北：文津出版社，1994年）。

是出自實用和功利的目的，出自平民百姓現實生活中的困擾和祈求。
寶卷引導人們追求道德的修養、行為的完善，「去惡揚善」，以調適
平民社會人際關係的和諧、社會的安定，而由天庭、地獄、人間的
各路神鬼來執行「善有善報、惡有惡報」的判斷和賞罰。這種善惡
的因果報應，又可以延伸至前生、來世，做宿命論的解釋。這就是
民間寶卷中的信仰特徵。〔註6〕

這段文字之中，可以統整出在民間寶卷之中，最常見的宗教思想為：一、去惡
揚善的勸善說。二、講究因果的報應論。三、影響前世今生的宿命論。這三點
民間宗教中常見的宗教思想，也可以套用進洛陽橋寶卷之中。例如「天庭、地
獄、人間的各路神鬼來執行『善有善報、惡有惡報』的判斷和賞罰。」在洛陽
橋寶卷之中會有來自地獄的閻王、牛頭馬面去對作惡事的蔡父進行懲處，也會
有觀音大士替做好事的蔡狀元解決困難。「這種善惡的因果報應，又可以延伸
至前生、來世，做宿命論的解釋。」也可以套用進「受生」的概念。

　　因此，本章分成三個部分，主要就是要討論在洛陽橋寶卷之中提到「地獄
觀」、「報應論」以及「受生債」等宗教思想。

## 第一節　地獄觀

　　關於「地獄」這個詞語，蕭登福在《漢魏六朝佛道兩教之天堂地獄說》中
有作出解釋：

「地獄」一詞，梵語原稱為「Niraja」，音譯為「泥犁耶」或「泥犁」。
本義是「無有」係指無有喜樂之意。人死後落入此處受苦，毫無喜
樂可言，故云泥犁。〔註7〕

而若是把「Niraja」以意譯翻譯的話，代表的意思為「如同牢獄般審罰罪人之
處所」〔註8〕。無論從音譯還是意譯「Niraja」，從它「人死後落入此處受苦，
毫無喜樂可言」或者是「如同牢獄」的概念，都與宗教之中所表現出的「地獄」
概念相同。

---

〔註6〕車錫倫：《信仰‧教化‧娛樂──中國寶卷研究及其他》，頁33。
〔註7〕蕭登福：《漢魏六朝佛道兩教之天堂地獄說》（台北：學生書局，1988年），頁
　　　　66。
〔註8〕許紘榮：《從漢人的地獄報應觀探討宗教　無形產品轉變為有形商品的現象─
　　　　─以新竹都城隍廟為例》（新竹：玄奘大學，2019年），頁71。

　　在本論文的第三章中的第三節有提到，在洛陽橋寶卷之中，蔡狀元遊地府的情節已經成為洛陽橋寶卷裡的固定情節，每一個版本的洛陽橋寶卷裡都一定會有地獄的概念出現。洛陽橋寶卷中最早出現「地獄」的說明是在蔡狀元不知道自己現在迷途在何處並藉由已經過世的婢女口中得知自己竟來到地獄的片段。以「哈佛燕京卷」為例：

> 蔡狀元道，到你家中去坐坐也可，那時使女，留住狀元，狀元便問
> 道，你身已死，為何便到此地，梅娥答曰，人死之後，閻王審問明
> 白，也有托生的，也有魂嫁人的，我今嫁了陰司執掌庫官，名為馬
> 面判官，就是第七殿，泰山王殿前執事……〔註9〕

從文章當中的「第七殿泰山王殿」就可以知道，洛陽橋寶卷之中，運用了十王地獄概念。且不只「哈佛燕京卷」，在「民間卷」、「沙上卷」、「河陽卷」也都有提到類似概念。本小節，將以《玉曆寶鈔》的十王地獄作為分析洛陽橋寶卷中的地獄思想的主要依據。

　　道教在最一開始，其實並沒有所謂的「地獄世界」出現，人在死後就僅有「神」與「鬼」的分別。但是道教到後來逐漸受到佛教與其他宗教的影響，關於道教的死後世界觀開始出現變化，地獄觀出現了。道教的地獄觀便是融合了佛教的世界觀與修仙等概念，而後發展出來的死後世界觀之一。〔註10〕

　　在道教之中的地獄觀，主要可以分成道教之中較為常見的泰山與酆都山為冥界據點的地獄系統，另外是民間信仰之中較為盛行的地獄十王地獄系統。〔註11〕在中國本土其實並沒有閻王的觀念，閻王之說起源於印度，藉由著佛教的傳入，才逐漸建構成了本土化的十殿閻王信仰，而十殿閻王信仰可以追溯到敦煌時期。〔註12〕

　　十殿閻王的信仰，最遲在唐代末葉已經形成，佛教閻王思想中土化的過程中，吸取了中土化固有的思想與習俗，將閻王的角色以及地獄的內容以及範圍，演變成符合中國本土文化的需要〔註13〕，才有了現今所流傳的十殿閻

---

〔註9〕 霍建瑜主編：《美國哈佛大學哈佛燕京圖書館藏寶卷彙刊》，頁568。

〔註10〕 許紘榮：《從漢人的地獄報應觀探討宗教　無形產品轉變為有形商品的現象——以新竹都城隍廟為例》，頁103。

〔註11〕 許紘榮：《從漢人的地獄報應觀探討宗教　無形產品轉變為有形商品的現象——以新竹都城隍廟為例》，頁104。

〔註12〕 王育仁：《十殿閻王之研究——以台南縣道壇彩繪為例》（嘉義：南華大學，2007年），頁44。

〔註13〕 王育仁：《十殿閻王之研究——以台南縣道壇彩繪為例》，頁44。

王信仰。

　　《玉曆寶鈔》流行於清末及民國初年的大陸地區〔註14〕，其內容撰寫緣起是幽冥教主地藏王菩薩誕辰，十殿閻君前往祝壽。菩薩大發慈悲，命十殿閻君擬定辦法普渡眾生，十殿閻君建議，「今擬將地獄道中種種惡趣，借有德行之人，令入冥府目睹，記述玉曆寶鈔，還陽普傳世間，廣勸世人。」〔註15〕，因此《玉曆寶鈔》直至今日，仍被廣泛流傳，其中最主要的內容，就是記敘人在死後進入到地獄會因何種罪刑而受到什麼樣的刑罰。從亡靈來到陰間，接受審判、刑罰，直到喝孟婆湯，等待投胎都有詳細的介紹。

　　《玉曆寶鈔》〔註16〕中的有十殿閻王，每一個殿的閻王都有各自負責掌管的罪名，為每一個來到地獄的亡魂，做出更為精細的審判。

### 表 27：《玉曆寶鈔》中十殿閻王地獄介紹

| 第一殿<br>秦廣王 | 專管人間的長壽與夭折、出生與死亡的冊籍；統一管理陰間受刑吉凶。<br>掌管範圍：<br>自殺者的罪刑、誦經漏脫字句之罪刑、修行起貪圖供養者的罪刑、誠心修行，弘揚佛法者之利益。 |
| --- | --- |
| 第二殿<br>楚江王 | 主掌大海之底，正南方沃燋石下的活大地獄。<br>掌管範圍：<br>拐騙少年男女、欺佔他人財物、損壞人的耳目手腳、介紹療效不明的醫生，藥物來謀取不道德的利益，不讓家人贖回壯年的婢女、在議結婚姻之時，貪圖財富、地位，詐騙婚姻、合婚之前，為了賺取介紹費，隱瞞對方染有惡疾，重病，或是姦邪、竊盜，品德低劣之人。 |
| 第三殿<br>宋帝王 | 掌大海之底，東南方沃燋石下的黑繩火地獄。<br>掌管範圍：<br>不認為領袖、不顧恤人的生命、見利忘義，缺乏愛國、愛民之心、丈夫不行道義、妻子言行不柔順、養子忘恩負義、佣人不忠、詐財、犯罪入獄、越獄潛逃、令亡者不得入土為安、致傷損他人的屍骨、私自偷竊、佔人便宜、祖先墓地不祭掃、引誘他人犯法、挑撥是非、寫匿名信誣衊別人、毀損別人的名譽、偽造契約書信，以詐取別人的錢、債券、偽刻別人簽冥、印章 |

〔註14〕薛逸睿：《《玉曆寶鈔》與佛教因果業報思想之研究》（新北：華梵大學，2018年），頁 7。

〔註15〕薛逸睿：《《玉曆寶鈔》與佛教因果業報思想之研究》，頁 9。

〔註16〕淨空法師主編：《玉曆寶鈔》（台北：和裕出版社，2003 年。），頁 45～98。

| 第四殿<br>五官王 | 掌管的地獄在大海之底,正東方沃燋石下的合大地獄。 |
| --- | --- |
| | 掌管範圍: |
| | 漏稅不繳、不給租金、買東西佔人便宜、賣假藥、使用假錢、不讓路讓坐給跛足殘廢的老人幼童、詐欺鄉民,欺負年老幼小的人、窮人貪圖意外之財、富人不憐老恤貧、他人生病見死不救、垃圾未分類、動物未圈養好、故意荒蕪、損壞他人的牆壁、用咒語法術捉弄人。 |
| 第五殿<br>閻羅天子 | 前四殿查核沒甚麼大過錯的,每人各按七日之期,押解到本殿。 |
| | 掌管範圍: |
| | 不信因果、談論是非、燒燬勸善書籍文章、禮拜神佛時吃食葷肉、厭惡別人念佛誦咒、誹謗學佛、修道的人、識字者未勸善、挖掘別人墳墓、放火蔓延,焚燬山林、射箭或用槍枝,射殺禽獸、引誘瘦弱自卑傷身、隔牆拋瓦石、誤傷行人、用毒藥在河流中毒殺魚類、放置射殺鳥類的火槍暗器、死貓、毒蛇等物不埋入深土、僭用官家頭銜無故填塞水井水溝。 |
| 第六殿<br>卞城王 | 掌理大海之底,正北方沃燋石下的大叫喚大地獄。 |
| | 掌管範圍: |
| | 怨天尤地、偷竊神佛裝塑法身時內藏的寶物、隨便亂呼叫神佛的名諱、聖號、不敬經書、家中供養神佛卻於廚中灶中煮食葷肉、家中收藏違背正理的書、燒燬塗損勸善的書籍、文章、器物、在衣裙上繡上龍鳳的圖像、浪費、糟蹋五穀、囤積米糧。 |
| 第七殿<br>泰山王 | 掌管大海底,西北方沃燋石下的熱惱大地獄。 |
| | 掌管範圍: |
| | 酗酒、揮霍無度、詐取錢財、盜取棺材內的衣物寶飾、盜取死屍死骨當藥、墮胎、賭博、敗家、教導學生不嚴格、苛待學生、婢女、佣人、仗勢欺人、裝醉違背、悖逆尊長、口出邪惡之言、諷刺他人的過失,搬弄是非。 |
| 第八殿<br>都市王 | 掌管大海底,正西方沃燋石下的大熱惱大地獄。 |
| | 掌管範圍: |
| | 不知孝道:雙親在時不能奉養;雙親去世後,不能予以安葬。致令父母,翁姑驚恐、害怕、愁悶、煩惱。 |
| 第九殿<br>平等王 | 掌理大海之底,西南方沃燋石下的阿鼻大地獄 |
| | 掌管範圍: |
| | 犯了國法、放火毀人家財、生命、製造非法藥物、為人墮胎、誘惑少男少女性犯罪、繪畫黃色圖畫、煉製有害社會的違禁藥物。 |
| 第十殿<br>轉輪王 | 殿居陰間沃燋石外,正東方,直對五濁世界的地方 |
| | 掌管範圍: |
| | 設有金、銀、玉、石、木板、奈何等六座橋。專門管理各殿押解到的鬼魂,分別核定其罪福的大小,發往四大部洲的適當地方投生。 |

從這一版《玉曆寶鈔》的十王地獄，可以發現十位閻王的分工非常之精細，且此 2003 年版本的《玉曆寶鈔》內容已經因應時代變遷，有許多現代化的罪名出現在其中，像是製造毒品之類的，將地獄的概念很自然地融入到現代日常生活當中了，但無論罪名如何因應時代變遷，《玉曆寶鈔》依舊是屬於勸人為善的善書。

而在洛陽橋寶卷之中，並沒有將十王地獄一一的細寫出來，對於地獄有最多做詳細敘述的屬於「哈佛燕京卷」：

此處第七閻王殿　書金字上看分明
狀元抬頭只一看　憲察衙門寫得真
走進儀門來觀看　泰山寶殿上面存
二人下了銀鬃馬　馬兒結在兩廊存
步行走至大堂上　也有鬼王惡面形
也有頭兒兇惡相　也有咬牙切齒人
銅鈴眼睛來彈出　也有白面好書生
也有青面獠牙面　也有鬼王面善人
也有判官凶惡相　也有紅面鬼王形
兩邊鎗刀來出鞘　呼呼喝喝鬧盈盈
竹片□子齊擺出　夾棍榔頭色色新
各式形樣看不盡　陰司善惡最分明〔註17〕

相較《玉曆寶鈔》細分人們要為在陽間所犯的罪形受到處罰，還有說明《玉曆寶鈔》的興起、流傳等，洛陽橋寶卷當中的地獄觀，其實是將重點放在地獄景象的塑造，將馬面所在的第七閻王殿的細節給描述出來，且對於每個地獄陰官的敘述，都可以激起人們的恐懼之心。因此，可以說雖然洛陽橋寶卷當中的地獄概念，是使用了《玉曆寶鈔》的十王地獄系統，但使用的方式其實十分表面，並未將《玉曆寶鈔》中的許多細節概念，像是如何配發至各層地獄的原則等，融入在其中。

由此可以知道，《玉曆寶鈔》與洛陽橋寶卷當中的地獄觀，最大的相同之處在於都是透過地獄，讓人們對於無形的地獄有了真實感，進而遵從宗教裡所頒佈教義，以達到宣教勸善的效果。而相異之處在於《玉曆寶鈔》作為一本宗教經書，其內容就會對整個道教的地獄觀，經書的發展，審判的依據等，做出

〔註17〕霍建瑜主編：《美國哈佛大學哈佛燕京圖書館藏寶卷彙刊》，頁 569。

較為詳盡而完整的介紹。而洛陽橋寶卷作為具有娛樂效果的一種口傳文學，其內容就不宜有太過於死板、冗長的教條，這會讓宣卷的主線故事被模糊，洛陽橋寶卷塑造出地獄的目的就只是要透過宣講寶卷，告訴大眾地獄的存在真實性，藉以達到勸善的目的而已。

## 第二節　報應論

　　民間宗教信仰「因果報應」概念最主要是自佛教因果業報（業報輪迴）與道教承負說兩觀念結合而成。〔註18〕

　　佛教當中的佛教因果業報，首先把業報分成三種，心所想的「意業」、嘴裡所說的「口業」以及行動所做出的「身業」。而三種業報所呈現的善惡就會再影響到「三報論」，指的就是前世影響今生、今生決定來世。每世的善惡影響每代的人生，彼此之間是不斷輪迴的。道教承負說則是指前人的善惡行為是會影響到其後代子孫的，也就是前人若積善，那後人就能享福，若是祖先為非作歹，那麼子孫就需幫忙承擔罪過。套入洛陽橋寶卷之中，蔡父因為在陽間作惡，積累了業障，所以到了地獄去受罰，而連帶著因為蔡狀元見父親在地獄受刑，因此幫忙承擔了處罰，借了庫銀，還銀無果才起造洛陽橋，洛陽橋竣工後才算還清因為父親作惡而欠下的債務。

　　「報應」的概念除了跟因果互相影響外，在佛道教之中「報應論」其實與地獄的概念也是緊緊相連的，當人們必須要到地獄去，代表著這個人做了不符合法律、道德等惡事，所以才要到地獄去受罰。因為做了壞事而到地獄受罰的這一個過程，就可以稱之為「報應」。一個人種下「因」，自己就要接受什麼樣的「果」，兩者息息相關。

　　在本論文的第三章第三節有提到「無錫卷」之中有提到地獄之中的各種受刑原因，表現了何謂因果報應，「在陽間，搬嘴美舌將人害。一到陰司，敲牙拔舌痛傷心，惡鬼獄中聲聽苦，刀山劍樹白如銀……」可知道在洛陽橋寶卷之中也有報應論，以作為規範世人行為的準則。馬面帶著蔡狀元一殿一殿的參觀地獄，看見許多正在地獄受刑罰的人，在藉馬面的解說，得知他們到底為何受到懲罰。

---

〔註18〕陳昱全：《民間宗教信仰因果報應觀：作為一種臺灣民眾日常生活的導引》（台北：世新大學，2011 年），頁 24。

　　而在《玉曆寶鈔》裡的十王地獄系統中，也有很明確的懲處系統。除了第一殿與第十殿之外，在其餘的八殿之中，還會在附設十六個小地獄，去進行刑罰的執行，也就是當人們在陽間的生命結束後，就會來到地獄，然後在投胎前必須先接受十個閻王殿的審判，如果這一殿的閻王判定此人有罪，其就必須先到附設的小地獄受刑，才可以移至下一殿，再走完十殿後，才算把今生罪孽清除完畢，也就可以喝孟婆湯並且等待投胎到下一世了。

**表28：《玉曆寶鈔》為十王殿中的執行刑罰的附設地獄**〔註19〕

| 第一殿<br>秦廣王 | 凡屬善人壽終的時候，有的接引往生天堂，或西方極樂各按照在世時所造的業力、因緣，分別去接受果報。凡是在世惡行較多，善行較少的人，則引入殿右的高臺，名為孽鏡臺，看需不需要到其他九殿接受審判。 |
|---|---|
| 第二殿<br>楚江王 | 1.黑雲沙小地獄；2.糞尿泥小地獄；3.五叉小地獄；4.饑餓小地獄；5.燋渴小地獄；6.膿血小地獄；7.銅斧小地獄；8.多銅斧小地獄；9.鐵鎧小地獄；10.幽量小地獄；11.雞小地獄；12.灰河小地獄；13.斫截小地獄；14.劍葉小地獄；15.狐狼小地獄；16.寒冰小地獄 |
| 第三殿<br>宋帝王 | 1.鹹鹵小地獄；2.麻繯枷紐小地獄；3.穿肋小地獄；4.銅鐵刮臉小地獄；5.刮脂小地獄；6.鉗擠心肝小地獄；7.挖眼小地獄；8.鏟皮小地獄；9.刖足小地獄；10.拔手腳甲小地獄；11.吸血小地獄；12.倒弔小地獄；13.分髇小地獄；14.蛆蛀小地獄；15.擊膝小地獄；16.割心小地獄 |
| 第四殿<br>五官王 | 1.沓池小地獄；2.墾鍊竹籤小地獄；3.沸湯澆手小地獄；4.掌面手流液小地獄；5.斷筋剔骨小地獄；6.鋸肩刷皮小地獄；7.鏽膚小地獄；8.蹲峰小地獄；9.鐵衣小地獄；10.木石土瓦壓小地獄；11.戮眼小地獄；12.飛灰塞口小地獄；13.灌藥小地獄；14.油荳滑跌小地獄；15.刺嘴小地獄 16.碎石埋身小地獄。 |
| 第五殿<br>閻羅天子 | 一名將不敬鬼神、猜疑是否有因果報應等心腸割掉的小地獄。<br>二名將殺害生命等心腸割掉的小地獄。<br>三名將善願未完，就先行罪惡等心腸割掉的小地獄。<br>四名將親近邪惡，行為錯誤、違背正理；學習方術，妄想長生等心腸割掉的小地獄。<br>五名將欺善怕惡，邪惡地怨恨他人，何不快死等心腸割掉的小地獄。<br>六名將計較名利、是非，移禍他人等心腸割掉的小地獄。<br>七名將強姦婦女；設計令婦女失貞；引誘婦女委屈地順從自己的淫意；或者不論有無謀害之意，與婦女貪戀淫樂等心腸割掉的小地獄。 |

〔註19〕淨空法師主編：《玉曆寶鈔》，頁45～98。

| | |
|---|---|
| | 八名將損人以利己等心腸割掉的小地獄。 |
| | 九名將慳貪不捨；不願佈施；不顧別人面臨生死，緊急之困境等心腸割掉的小地獄。 |
| | 十名將偷竊、盜取別人財物；昧著良心，耍賴而不還債等心腸割掉的小地獄。 |
| | 十一名將忘恩負義，以仇報怨等心腸割掉的小地獄。 |
| | 十二名將好鬥、好賭、好勝，以致牽連、拖累他人等心腸割掉的小地獄。 |
| | 十三名將為了名利、欺騙、誘惑大眾等心腸割掉的小地獄。 |
| | 十四名將自己雖未親自加害，但卻狠毒地教唆他人去害人，等心腸割掉的小地獄。 |
| | 十五名將妒嫉善良、賢能等心腸割掉的小地獄。 |
| | 十六名將執迷不悟，死不改過；誹謗他人等心腸割掉的小地獄。 |
| 第六殿<br>卞城王 | 1.常跪鐵砂小地獄；2.屎泥浸身小地獄；3.磨摧流血小地獄；4.嘴含針小地獄；5.割腎鼠咬小地獄；6.棘網蝗鑽小地獄；7.碓搗肉漿小地獄；8.裂皮壓攦小地獄；9.銜火閉喉小地獄；10.桑火掰烘小地獄；11.糞汙小地獄；12.牛雕馬躁小地獄；13.緋緞小地獄；14.斬頭脫殼小地獄；15.腰斬小地獄；16.剝皮揎草小地獄。 |
| 第七殿<br>泰山王 | 1.搯魁自吞小地獄；2.剖胸小地獄；3.笞腿火逼坑小地獄；4.枒杈抗髮小地獄；5.犬咬脛骨小地獄；6.燠痛哭狗墩小地獄；7.剆頂開額小地獄；8.頂石蹲身小地獄；9.貓鴰上下啄咬小地獄；10.剺皮豬拖小地獄；11.弔箪足小地獄；12.拔舌穿腮小地獄；13.抽腸小地獄；14.驟踏獴嚼小地獄；15.烙手指小地獄；16.油釜滾烹小地獄 |
| 第八殿<br>都市王 | 1.車崩小地獄；2.悶鍋小地獄；3.碎剮小地獄；4.閉孔小地獄；5.翦舌小地獄；6.常圍小地獄；7.斷肢小地獄；8.煎臟小地獄；9.炙髓小地獄；10.爬腸小地獄；11.焚膲小地獄；12.開膛小地獄；13.或刂胸小地獄；14.破頂撬齒小地獄；15.斫割小地獄；16鋼叉小地獄。 |
| 第九殿<br>平等王 | 1.敲骨灼身小地獄；2.抽筋擂骨小地獄；3.鴉食心肝小地獄；4.狗食腸肺小地獄；5.身濺熱油小地獄；6.腦箍拔舌拔齒小地獄；7.取腦蝟填小地獄；8.蒸頭刮腦小地獄；9.羊搐成醢小地獄；10.木夾頂白差小地獄；11.磨心小地獄；12.名沸湯淋身小地獄；13.黃蜂小地獄；14.蝎鉤小地獄；15.蟻蛀熬肮小地獄；16.紫赤毒蛇鑽孔小地獄。 |
| 第十殿<br>轉輪王 | 設有金、銀、玉、石、木板、奈何等六座橋。專門管理各殿押解到的鬼魂，分別核定其罪福的大小，發往四大部洲的適當地方投生。該投生為男身，或女身？長壽、或短命？生富貴之家，或投生貧賤之家？每月彙集起來，通知第一殿。可再根據陰律，分為：胎生、卵生、濕生、化生；無足、兩足、四足、多足等類。 |

前文有說過道教在最一開始，其實是沒有有形地獄的設定，因此《玉曆寶鈔》當中的十王地獄的概念，其實是以中國佛教之中的地獄學說做為基礎，後來才逐漸形成的。所以說道教的「報應觀」，是後來才演變成有實體地獄去執行善惡的報應。因此《玉曆寶鈔》並不能算是純粹道教的產物，因為其中的許多思想，是有結合佛教信仰在其中，而《玉曆寶鈔》因為後來被廣泛的運用，其性質更像是配合廣大群眾而出現的民間宗教經典。

　　在洛陽橋寶卷之中，除了「無錫卷」之外，在「同里卷」中也有很明確的報應論。

**表 29：洛陽橋寶卷中罪名與刑罰對照表**

| 陽間罪名 | 陰間罪刑 | 陽間罪名 | 陰間罪刑 |
|---|---|---|---|
| 偷竊之人 | 斬餅地獄 | 淫亂 | 油鍋地獄 |
| 娼妓婦女 | 血汙池 | 戳青蛙 | 上尖刀山 |
| 搬弄嘴舌 | 割舌頭 | 淫亂通姦 | 鋸解亭 |
| 忤逆不孝 | 剝脫衣服 | 罪大惡極 | 油鍋地獄 |

從以上表格，可以看出洛陽橋寶卷中的報應論與《玉曆寶鈔》中的報應理論是相同的，要強調的就是人們所有在陽間所做下的惡事，都一定會到地獄去接受懲處。處罰的依據就是在陽間時的種種惡行，所有違反教義教條、道德法律的行為，一切皆會在無形之中不斷的積累，稱之為業障。而業障並不會隨著時間而被消除，有善惡終有報，不是不報，只是時候未到的意味在。

　　從上表，雖然可以從「同里卷」推測這些刑罰應該是在哪一個小地獄執行，例如，犯下了罪大惡極的罪名，可能就是在第七殿的油釜滾烹小地獄受刑，或是搬弄是非，犯了口舌之罪，就可能是第九殿的腦箍拔舌拔齒小地獄。但是在「同里卷」的底本裡，並沒有將這些罪名所要去的地獄在第幾殿以及哪一個附設小地獄給非常明確的制定出來，僅是透過文本知道做過惡事的人，正在地獄接受處罰。

　　因此，可以說比起清楚冗長的教條，在洛陽橋寶卷之中，想要傳達的理念更為簡單明瞭，它不用信徒一一記下每個地獄刑罰的罪名，但要清楚地把不能行惡事的理念宣達到所有信徒的思想之中。

## 第三節　受生債

　　洛陽橋寶卷，在許多寶卷總目當中，又可以被稱作是《受生寶卷》，可見在洛陽橋寶卷故事當中，「受生債」的觀念非常重要。

　　在先前的洛陽橋寶卷劇情分析裡，已經可以知道蔡狀元並未成功歸還向馬面從地獄庫銀知中所挪用的庫銀，所以改以建造洛陽橋替代還銀。這一種舉動，雖然在許多人的觀念裡，應該已經算是還銀了，但實質上，地獄的庫銀的實際數目上還是短缺，在洛陽橋寶卷裡，有針對此問題作出交代。「無錫卷」中觀音在閻王大怒要懲處馬面、判官時為其二者求情片段：

> 又要說到十殿閻君又召庫官張仁要盤點庫銀，但蔡昌所借仍未歸還，閻王聽了大怒，要將張仁重責。此時觀音大士□到張仁要受刑罰，就立即駕雲來到森羅殿工，勸告閻君說，蔡狀元因贖輕父罪故借去庫銀十兆九萬七千貫，但因陰陽相隔，故無法歸還，為此造了一頂洛陽橋，你們的庫銀，要把你們陰司所托生的人托過了陰陽交界，要聽他歸還受生經，按照六十花甲子輪流派定，讓閻羅天子寬施了張仁罪責。
>
> ⋯⋯
>
> 南庫派與南方還　　北庫派與北方還
> 萬民欲還受生債　　就受是金剛般若經
> 受生經還多少貫　　庫官派定不差分
> 今日宣庫洛陽橋　　好似還了受生經
> 陰司收納受生經　　來世托生有福人
> 今生不還受生經　　來世投胎苦伶仃〔註20〕

「無錫卷」此處將洛陽橋寶卷之中「受生債」的緣由講述的十分清楚。人死後，若想要托生就必須走過蔡狀元所造的洛陽橋，而洛陽橋又是蔡狀元使用要歸還陰司庫銀的金銀所建造的，因此洛陽橋可以說是運用陰司的公款所打造而來，所以托生之人，因為使用了洛陽橋，才得以免除渡洛陽江之苦，這裡具有「使用者付費」的道理。因為蔡狀元無法到陰間還債，所以拿了陰間庫銀的公費造橋，因此享受了洛陽橋的便利的托生鬼魂，就必須一起補足陰司庫銀所欠缺的公債，若是使用了洛陽橋，卻不繳納受生經，那就如同拖欠陰司庫銀金銀，因此就有「無錫卷」中「陰司收納受生經，來世托生有福人。今生不還受生經，

---

〔註20〕車錫倫主編：《中國民間寶卷文獻集成・江蘇無錫卷》，頁 1573～1574。

來世投胎苦伶仃。」的說法。

　　《受生經》，又叫做《壽生經》，這並不是洛陽橋寶卷中，專有的文化，而是在佛道兩個教派裡都有的經典文化，也是填納寄庫〔註21〕法事的思想根基。

　　受生的信仰是從中國宋朝就開始盛行的一種民間信仰，一直到了現今，有些地區都還保留這種習俗。所謂的「受生信仰」，主要是在說明人在重新托生時候，曾經在地府欠下了「受生錢」，而這筆債務必須在托生前償還完畢，否則所托生的下一世必定會十分清貧，若是在償還受生錢以後才托生，那麼就能夠投胎於富貴人家，在下一世時就能享受榮華富貴。這一種說法，剛好與洛陽橋寶卷中的「今生不還受生經，來世投胎苦伶仃」的受生觀念完全契合。

　　現在所流傳下來的《受生經》主要可以分成佛道兩個教派的版本。道教的受生經典有兩部《靈寶天尊說祿庫受生經》以及《太上老君說五斗金章受生經》，佛教版本的受生經則是《佛說受生經》，又稱《佛說壽生經》。

　　佛教的《佛說受生經》，現今有三個版本最廣為流傳：一、黑水城本。二、嘉興藏本。三、卍續藏本。根據研究，《佛說受生經》中黑水城本是三本經書之中的最早型態，具有相當高的文獻價值，這一個版本也是後來嘉興藏本與卍續藏本的母本，從嘉興藏本與卍續藏本還都保留著黑水成本影子的內容結構上來看，就可以證明此一論點。因此，《佛說受生經》中黑水城本是此一經書的成熟代表。嘉興藏本則是在黑水城本的基礎上被改編而成，但嘉興藏本是後世最廣泛流傳的《佛說受生經》定型本，而卍續藏本，則是以嘉興藏本為主的一節略本。〔註22〕

　　在本論文所研究的七本洛陽橋寶卷的結局，都會提到托生之人要繳納受生錢，尤其在「哈佛燕京卷」的卷本最後，還將六十甲子年歲所要歸還的受生金給完整的列出來，而「哈佛燕京卷」中所收錄的《受生經》與佛教之中的嘉興藏本《佛說受生經》內容完全符合。本小節以下就以嘉興藏本《佛說受生經》作為主要論述依據。嘉興藏本《佛說受生經》。〔註23〕

〔註21〕寄庫：「人們相信，亡魂投胎前曾向天曹冥司欲藉受生錢，得轉陽事後需擇時酬還冥間的借貸，並將剩餘錢才寄存冥存庫以備死後取用。」姜守誠：〈明清社會的寄庫風俗〉（北京：《東風論壇》，2016年第4期），頁33。
〔註22〕姜守誠：〈佛道《受生經》的比較研究（下）〉（四川：巴蜀書社，2017年），頁60。
〔註23〕佚名：《明版嘉興大藏經》第十九冊（台北：新文豐出版公司，1987年。），頁164～166。

表 30：嘉興藏本《佛說受生經》

| 十二相屬 | | 所欠錢數 | 看經卷數 | 還納庫分 | 曹官姓氏 |
|---|---|---|---|---|---|
| 子生相 | 甲子 | 五萬三千貫 | 一十八卷 | 第三庫 | 元 |
| | 丙子 | 七萬三千貫 | 二十五卷 | 第九庫 | 王 |
| | 戊子 | 六萬三千貫 | 二十一卷 | 第六庫 | 伍 |
| | 庚子 | 十一萬貫 | 三十七卷 | 第九庫 | 李 |
| | 壬子 | 七萬貫 | 二十四卷 | 第三庫 | 孟 |
| 丑生相 | 乙丑 | 二十八萬貫 | 九十四卷 | 第十三庫 | 田 |
| | 丁丑 | 四萬二千貫 | 一十五卷 | 第三庫 | 崔 |
| | 己丑 | 八萬貫 | 二十七卷 | 第七庫 | 周 |
| | 辛丑 | 十一萬貫 | 三十七卷 | 第十八庫 | 吉 |
| | 癸丑 | 二萬七千貫 | 十卷 | 第八庫 | 唐 |
| 寅生相 | 甲寅 | 三萬三千貫 | 一十一卷 | 第十一庫 | 杜 |
| | 丙寅 | 八萬貫 | 二十七卷 | 第十庫 | 馬 |
| | 戊寅 | 六萬貫 | 二十卷 | 第十一庫 | 郭 |
| | 庚寅 | 五萬一千貫 | 一十八卷 | 第十五庫 | 毛 |
| | 壬寅 | 九萬六千貫 | 三十一卷 | 第十一庫 | 施 |
| 卯生相 | 乙卯 | 八萬貫 | 二十七卷 | 第十八庫 | 柳 |
| | 丁卯 | 二萬三千貫 | 九卷 | 第十一庫 | 許 |
| | 己卯 | 八萬貫 | 二十七卷 | 第二十六庫 | 宋 |
| | 辛卯 | 八萬貫 | 二十七卷 | 第四庫 | 張 |
| | 癸卯 | 三萬三千貫 | 一十一卷 | 第二十二庫 | 王 |
| 辰生相 | 甲辰 | 二萬九千貫 | 一十卷 | 第十九庫 | 董 |
| | 丙辰 | 三萬二千貫 | 十一卷 | 第三十三庫 | 賈 |
| | 戊辰 | 五萬四千貫 | 一十八卷 | 第十四庫 | 馮 |
| | 庚辰 | 五萬七千貫 | 一十九卷 | 第二十四庫 | 劉 |
| | 壬辰 | 四萬五千貫 | 一十五卷 | 第一庫 | 趙 |
| 巳生相 | 乙巳 | 九萬貫 | 三十卷 | 第二十一庫 | 楊 |
| | 丁巳 | 七萬貫 | 二十四卷 | 第十六庫 | 程 |
| | 己巳 | 七萬二千貫 | 二十四卷 | 第二十一庫 | 曹 |
| | 辛巳 | 五萬七千貫 | 一十九卷 | 第三十七庫 | 高 |
| | 癸巳 | 三萬七千貫 | 一十三卷 | 第五十庫 | 卜 |

| 午生相 | 甲午 | 四萬貫 | 一十四卷 | 第二十一庫 | 牛 |
|---|---|---|---|---|---|
| | 丙午 | 五萬三千貫 | 一十八卷 | 第六十庫 | 蕭 |
| | 戊午 | 九萬貫 | 三十卷 | 第三十九庫 | 史 |
| | 庚午 | 六萬二千貫 | 二十一卷 | 第四十二庫 | 陳 |
| | 壬午 | 七萬貫 | 二十四卷 | 第四十四庫 | 孔 |
| 未生相 | 乙未 | 四萬貫 | 一十四卷 | 第五十一庫 | 黃 |
| | 丁未 | 九萬一千貫 | 三十一卷 | 第五十二庫 | 朱 |
| | 己未 | 四萬三千貫 | 一十五卷 | 第五庫 | 卜 |
| | 辛未 | 一十萬一千貫 | 四十三卷 | 第五十九庫 | 常 |
| | 癸未 | 五萬二千貫 | 十八卷 | 第四十九庫 | 朱 |
| 申生相 | 甲申 | 七萬貫 | 二十四卷 | 第五十六庫 | 呂 |
| | 丙申 | 三萬三千貫 | 一十一卷 | 第五十七庫 | 紐 |
| | 戊申 | 八萬貫 | 三十六卷 | 第五十八庫 | 柴 |
| | 庚申 | 六萬一千貫 | 二十一卷 | 第四十二庫 | 胡 |
| | 壬申 | 四萬二千貫 | 一十四卷 | 第四十九庫 | 王 |
| 酉生相 | 乙酉 | 四萬貫 | 一十五卷 | 第二庫 | 安 |
| | 丁酉 | 一十七萬貫 | 四十八卷 | 第二十九庫 | 關 |
| | 己酉 | 九萬貫 | 三十卷 | 第二十二庫 | 孫 |
| | 辛酉 | 二萬七千貫 | 十二卷 | 第十五庫 | 丁 |
| | 癸酉 | 三萬貫 | 一十七卷 | 第十二庫 | 申 |
| 戌生相 | 甲戌 | 二萬七千貫 | 九卷 | 第十七庫 | 井 |
| | 丙戌 | 八萬貫 | 二十七卷 | 第三庫 | 左 |
| | 戊戌 | 四萬二千貫 | 一十四卷 | 第三十六庫 | 晉 |
| | 庚戌 | 十一萬貫 | 三十七卷 | 第二庫 | 辛 |
| | 壬戌 | 七萬二千貫 | 二十四卷 | 第四十庫 | 彭 |
| 亥生相 | 乙亥 | 四萬八千貫 | 十六卷 | 第四十二庫 | 成 |
| | 丁亥 | 三萬九千貫 | 十三卷 | 第四十庫 | 吉 |
| | 己亥 | 七萬二千貫 | 二十四卷 | 第五十庫 | 卜 |
| | 辛亥 | 七萬一千貫 | 三十五卷 | 第四十庫 | 丁 |
| | 癸亥 | 七萬五千貫 | 三十九卷 | 第四十三庫 | 仇 |

　　此版本的《佛說受生經》是指明末清初《嘉興大藏經》本《諸經日誦集要》（卷中）收錄的《佛說受生經》，包括侯沖在中國國家圖書館發現的兩個明刊本，因國圖藏本皆殘缺不全，文字內容大同小異，故皆歸入嘉興藏本。〔註24〕

　　嘉興藏本《佛說受生經》中的受生錢是以「十二相屬」作為分類，按照六十甲子的紀年方法，以五個干支分為一組，將六十年劃分成十二組，所有的人皆可以從列表之中，去找尋到符合自己出生年的干支紀年，並且知道自己所欠下的受生錢數目，曹官的姓氏以及要看的經卷數，而人們就要在托生前完成受生債的還款。

　　嘉興藏本《佛說受生經》與洛陽橋寶卷中所提到受生債雖然內容相符，但是洛陽橋寶卷將需要歸還受生債的原因設定為要幫忙補足蔡狀元拿去造橋的庫銀錢兩，這種說法的設定與嘉興藏本《佛說受生經》完全不同，從嘉興藏本《佛說受生經》開頭的就可以看出來：

> 貞觀十三年，有唐三藏法師往西天求教。因檢《大藏經》，見《壽生經》一卷，有十二相屬，南贍部洲生下為人，先於冥司下各借壽生錢。有注命官祇揖人道，見今庫藏空閒，催南贍部洲眾生交納壽生錢。〔註25〕

這是在說明唐三藏在取經時發現了壽生經，在經書中說到每個人在投胎的時候都依著自己的出生年分向陰司借貸不等的金額，就稱為壽生錢。只是現在陰司的庫銀已經呈現空虛狀態，所以現在會有神佛要向現實中人催討壽生錢，來補足陰司已經短缺的庫銀。

　　所以說在洛陽橋寶卷之中，所謂的受生錢是因為人在死後，因為使用了洛陽橋而欠下的債款，而嘉興藏本《佛說受生經》的壽生錢，則是早在人們一出生的時候，就已經向陰司借貸的錢兩。但無論是什麼時候借貸的，不管是洛陽橋寶卷還是嘉興藏本《佛說受生經》都強調受生債一定要歸還，像是洛陽橋寶卷中提到「今生不還受生經，來世投胎苦伶仃」，在嘉興藏本《佛說受生經》中也有提到：

> 若眾生不納壽生錢，睡中驚恐，眠夢顛倒，三魂杳杳，七魄幽幽，微生空中，共亡人語話，相逐攝人魂魄，滅人精神，為欠壽生錢。……

---

〔註24〕姜守誠：〈佛道《受生經》的比較研究（下）〉，頁42。
〔註25〕佚名：《明版嘉興大藏經》第十九冊，頁164。

> 若有人不納不折壽生錢，後世為人，多注貧賤，壽命不常，醜陋不
> 堪。多饒殘疾。〔註26〕

除此之外，嘉興藏本《佛說受生經》當中還有提到，如果繳納了壽生錢，可以規避掉總共十八種厄運災禍：

> 若有善男子、善女子破旁，納得壽生錢，免得身邊一十八般橫災：
> 第一遠路陂泊內被惡人窺算之災；第二遠路風雹雨打之災；第三過
> 江渡河落水之災；第四牆倒屋塌之災；第五火光之災；第六血光之
> 災；第七勞病之災；第八疥瀨之災；第九咽喉閉塞之災；第十落馬
> 傷人之災；第十一車碾之災；第十二破傷風死之災；第十三產難之
> 災；第十四橫死之災；第十五卒中風病之災；第十六天行時氣之災；
> 第十七投井自系之災；第十八官事口舌之災。若有善男子、善女人，
> 納得壽生錢，免了身邊一十八般橫災。〔註27〕

從以上兩段嘉興藏本《佛說受生經》的引文來看，除了與洛陽橋寶卷一樣，都表明如果不歸還受生錢會遭遇許多惡果，但也因為兩者借貸受生錢的時間不同，嘉興藏本《佛說受生經》的借貸時間較早，因此相較洛陽橋寶卷不同的是嘉興藏本《佛說受生經》中厄運，不僅限於來世，還包含著今生的災禍。

總之，無論是嘉興藏本《佛說受生經》還是洛陽橋寶卷，對於「受生金」都有著很明確的訂定，受生金的不可拖欠性也無庸置疑，這種從思想上強制向信眾收取錢財的作法，也曾遭受過質疑，甚至有被指出「受生金」就是一種斂財的行為而被打壓，但儘管如此，各地方的「受生信仰」仍然持續的被發展，並與許多宗教儀式、節日禮俗結合在一起。造成這一種現象的原因，筆者認為最大的因素就在於，人民對於美好生活的嚮往。

可以說是，人們對於受生金就會有一種預設立場，認為自己若是不繳納受生金，人生就會有災禍降臨。受生金儼然已經與可以影響來世今生的宿命論套在一起。倘若，生活遭受不順，或是期待來生的富足，在滿足心理與彌補的心態上就會甘於去繳交受生金，買一個心安理得，也買一個寄託希望。

在《佛說受生經》之中，除了明訂六十甲子年歲所要歸還的銀兩之外，還規定了必須看經的卷數。這種還銀、看經的限制，就有一種人都是生而有罪的概念，必須透過償還的方式，去減免受報應的可能性。

---

〔註26〕佚名：《明版嘉興大藏經》第十九冊，頁164～165。
〔註27〕佚名：《明版嘉興大藏經》第十九冊，頁165。

　　為了減免報應，人們就會想方設法地讓神佛寬恕自己，想辦法讓自己種下的「業」都給消除，力挽狂瀾就是希望最後所得到的「果」的型態可以好一點。而祈求神佛寬宥自己的方式，大致可以分成幾種：一、虔心懺悔。二、因果債功德還（財施或法施）。三、呈秉疏文。〔註28〕而繳納受生金，就屬於財施的償還方式。

　　不論是洛陽橋寶卷還是《佛說受生經》，都有給與信眾們一種思想，就是受生金的繳納與否，會決定人的美好或苦難。而主動追求更美好、更幸福的人生是人類的本能行為。因此，當生活不夠如意時，人們就會開始去思索問題所在，那歸還受生金與唸誦佛經，就變得理所當然。生活不如意的百姓，就能將過去的不順歸咎於超自然力量，而給自己一個解釋、開托的理由，並且在繳納受生錢後，期待著未來一切順遂甚至是把希望寄託在來世，因此可以說繳納受生金是人們心靈上的一種慰藉與心理方面的訴求。

## 第四節　小結

　　寶卷從僧侶講經到後來成為一種教化、娛樂的宣講活動，這些寶卷的內容自始自終都離不開宗教。在卷本中包含著信仰、勸善的理念，甚至成為了寶卷文學的一大特色。從一開始的宣卷前儀式，就可以看出寶卷具有濃厚的宗教色彩，卷本之中更是時常摻雜進許多宗教的文化、習俗等。因此，洛陽橋寶卷當中的宗教性無庸置疑。

　　在分析完洛陽橋寶卷之中的「受生債」、「地獄觀」以及「報應論」後，筆者認為洛陽橋寶卷是無法被明確的歸類在佛道教任何一方。可以說洛陽橋寶卷當中所體現出的宗教觀是摻入佛教與道教思想的民間宗教。這裡寶卷的流傳性質有關，寶卷的興起歸功於民間，有時也是許多民間宗教的宣教利器，因此其性質就無法像是宗教經書一般，有著較為嚴謹的輸出系統，寶卷要時常配合著地區性而做出更動，所呈現的宗教思維也就變得多元。

　　在寶卷之中的主角們，通常都可以憑藉著自身的努力以及外來神力的幫襯，得到一個美好的大結局，因此，人民在聽寶卷時，自然也就會對於這種生活心生嚮往，期待自己也能追隨卷本角色的腳步獲得新生，擺脫現況。當人們

---

〔註28〕黃建銘：《民間宗教因果律的探討——以梵音堂因果實證善書為文本之研究》
　　　　（花蓮：慈濟大學，2011 年），頁 114。

有所追求並且需要指引之時，寶卷就像是一本教導人民重獲新生、獲取幸福的
教科書，故事中所要宣達的宗教觀自然輕而易舉的深植人心。因此「受生債」
這種預先為下輩子的幸福鋪路的觀念，也才能夠被大眾接受。

　　洛陽橋寶卷當中的「地獄觀」與「報應論」，都利用著宗教中的觀念，在
傳遞著「為善」的觀念。以地獄中閻王的絕對權力，讓信眾不敢作惡，報應的
觀念更是以完全公正的方式在執行，這種「積善之家必有餘慶，積不善之家閉
有餘殃」的善惡報應觀，讓大眾在人世間時的所作所為都有可以依循的準則，
宗教的思想傳遞也就更能達到效果。

# 第六章 結 論

　　洛陽橋作為中國重要橋梁之一，而且歷史悠久，歷久不衰，自然會衍生出許多的傳說。從許多的洛陽橋故事來看，可以發現洛陽橋的故事發展脈絡，就是在歷史基礎上，開始加入傳說，然後逐漸的發展出符合人們心目中期待的美好故事。從最一開始蔡襄只是單純記載洛陽橋興建歷史的《萬安橋記》，到後來何喬遠所著撰的地方志《閩書》開始把民間傳說的夏得海投海之事寫入其中，再到趙翼的《簷曝雜記》之中，已經開始把「蔡狀元為母還願造橋」的說法融入到故事，以及在《臨水平妖誌》裡將洛陽橋故事與臨水夫人信仰做出連結，種種的故事演變歷程，可以發現洛陽橋故事已經從原本很平面的歷史記事，變成結構完整、情節豐富的傳說故事了。這種轉變可知洛陽橋的重要性，因為它的不可取代性，所以才會被廣泛的討論以及流傳，這些故事情節才會宛如事實一般的被書寫出來，而且不斷的被記錄、流傳。洛陽橋於宋朝的時期竣工，相關的故事就不斷出現，到後來關於洛陽橋興建過程，歷史真實與傳說故事已經融合於一體，變成大眾所熟知的通俗民間故事了。

　　在許多的洛陽橋故事當中，洛陽橋寶卷可以算是一種獨特的存在。同樣有著完整的情節架構，但卻在寶卷這一種文體的影響下，大大改變了歷朝歷代所流傳下來的故事脈絡。因此，可以說在洛陽橋寶卷之中，洛陽橋故事其實是依附在寶卷的文本功能之下的，綜觀整個洛陽橋寶卷，可以發現原本許多被重視的洛陽橋故事情節，在寶卷的影響下，逐漸被淡化，進而被寶卷的勸善、宣教功能而取代。

　　寶卷的功能性非常高，它將信仰、教化、娛樂集為一體，讓寶卷在因為它

的娛樂性而被廣為流傳的同時，也在發揮著它宣教以及勸善的功能。因此，以下就以「信仰」、「教化」以及「娛樂」三方面，進行洛陽橋寶卷的統整。

## 一、信仰

從洛陽橋寶卷的幾個故事情節來看，蔡狀元遊地獄，呈交檄文給海龍王，觀音大士前來幫助等，就可以知道洛陽橋寶卷的神話色彩非常濃厚。宣揚教義對於寶卷是非常重要的，可以從洛陽橋寶卷中的四點看出來：一、在其中幾本的洛陽橋寶卷中，蔡狀元的父親因為不敬神佛而在地獄受刑，因此不信神就等於犯罪必須到地獄受罰，從中可見虔誠的重要性。二、觀音幫助蔡狀元建造洛陽橋。寶卷有許多種類，其中有一類的寶卷，主要都是在講述「修行」的故事，這類修行故事寶卷的主人翁，會因為虔誠修道、篤志拜佛，而獲得神佛的幫助。例如，洛陽橋寶卷之中蔡狀元造橋而得到觀音的幫助，這一個劇情的設定就能體現出觀音法力無邊，體察人民的形象，而這種慈悲的神祇形象，也就能讓大眾對於觀音更有一種尊敬景仰的心理，進而達到倡導信仰的作用。三、結局安排蔡狀元虔誠修道。在洛陽橋寶卷之中，已經完全將建造洛陽橋的功勞全數歸功給了蔡狀元，而洛陽橋這座真實存在的古橋，又在泉州地方佔有非常重要的經濟、交通地位。因此，這位建橋成功蔡狀元，自然成為了人民心目中的大英雄。大英雄不貪念功名利祿，反而捐棄官場，投身宗教，這種設定自然會在百姓之中引起一種效法作用，蔡狀元自然也就成為宣揚宗教的最佳代言人了。四、地獄的設置。在蔡狀元遊地府後，原本無法被證實的陰曹地府突然就顯得十分真實，而地獄的觀念本就屬於信仰的一部份，證實地獄的存在，也就能夠讓大眾更信服卷本之中所宣揚的信仰。

## 二、教化

在洛陽橋寶卷之中，可以很明顯地看見勸人為善的痕跡。一、惡人受罰：在蔡狀元遊地獄時，見到了胡大賓、王聖良在受刑罰。此二人都是洛陽橋寶卷之中惡人的代表，兩人的罪刑儘管不大，但是洛陽橋寶卷之中的報應論，講究因果，只要做了壞事，無論大小，都要為此付出代價，在警惕大眾勿行惡事。二、蔡父改邪歸正。蔡狀元的父親在一些版本中的設定，也是一位作惡多端的惡人，因此遭受了地獄的刑罰，但慶幸的是最後的蔡父迷途知返，跟著蔡狀元一起修身念佛，也迎來自己的美好結局。從蔡父的改變，就可以明顯的看出洛

陽橋寶卷之中的勸善概念，以惡形象的蔡父，告訴世人改過行善的重要，不僅會被原諒，還可以藉此扭轉命運。三、因果善惡報應，從蔡狀元遊地獄開始，善有善報、惡有惡報的概念就貫穿了整個洛陽橋寶卷，蔡狀元守信用、造洛陽橋，因而得到福報，夏得海協助建造洛陽橋，得到了豐厚的獎賞，胡大賓、王聖良、張橫積累了業障，因此也都得到了懲罰。還有「地獄」的設立，讓刑罰執行的所在地更為明確，善惡有報之下，也就更能體現教化的功能。

## 三、娛樂

　　洛陽橋寶卷可以被分類在「民間傳說故事寶卷」。「民間故事寶卷」是後期的寶卷以許多著名的民間故事作為基礎，加以改編而成。洛陽橋的相關傳說一直是非常著名的民間故事，從歷代不斷有不同類型的文本產出，就可以知道它流行的程度。

　　洛陽橋寶卷亦是因為流行、受歡迎，所以才不斷有不同版本的洛陽橋寶卷出現。且從洛陽橋寶卷的故事特點就可見其娛樂效果。一、故事增添奇幻色彩，從蔡狀元遊地獄、龍王批示「肚醋」、觀音化身美女招親以及將木廢變成黃魚，都有著十足的神話色彩，這些片段不僅推進著洛陽橋寶卷的故事發展，也連帶著讓人民對於眼睛所看不見的超自然事物有了更多的想像。二、改變傳統洛陽橋故事脈絡，從最一開始的洛陽橋故事到洛陽橋寶卷，經過對比可以發現洛陽橋寶卷已經與原來的民間傳說故事截然不同，這樣不同於以往的洛陽橋故事，必定可以增加民眾的新鮮感，讓洛陽橋寶卷更具娛樂性。

　　從「信仰」、「教化」、「娛樂」三個面向檢視，其實可以發現洛陽橋寶卷可以算的上是很標準的寶卷作品，各方面的功能性都有兼顧到。而要完成信仰教化娛樂的功能，洛陽橋寶卷之中成功的人物塑造也算是關鍵元素之一。洛陽橋寶卷之中的蔡狀元其實是以北宋書法大家蔡襄作為原型，而這位蔡襄在歷史真實上，對於洛陽橋並不佔有太多功績，蔡襄真正的成就，是在於他在文學、書法上的表現，而洛陽橋寶卷中的蔡狀元完全擺脫歷史人物蔡襄的影子，而是成功的塑造出專屬於蔡狀元自己的形象。洛陽橋寶卷中的蔡狀元，謙和孝順，負責愛民，而且更專注於洛陽橋的建造，良善的形象也深入人心，樹立了洛陽橋寶卷之中良好的「善」的典範。蔡父從惡到善的形象轉變，夏得海的經典荒誕性格，在洛陽橋寶卷之中都表現得十分有特色，至於其他的小配角，像是婢女、馬面、指引老人等，雖然說性格上相對扁平，不如主要角色來的立體有意

涵，但也都保有自己的特色，像是婢女的忠貞細心、馬面親和平凡、觀音慈悲機智，這些小配角都使得故事的完整性更佳。而無論主角或者是配角，在這些角色的配合下，都讓洛陽橋寶卷所要傳達的觀點，像是從蔡狀元身上瞭解虔誠的好處，從蔡父的遭遇明白行善的重要性更加清楚。

洛陽橋寶卷與宗教之間脫離不了關係，所以在卷本之中，時常可以看到民間宗教的概念被融入其中。例如：分成六十甲子為的就是要幫忙蔡狀元攤還所借庫銀的「受生債」是來自佛教之中的《佛說受生經》，並且帶有今生來世的概念在。「地獄」、「報應」等概念，也都來自佛道教中的思想，像是從洛陽橋寶卷中，馬面為「第七閻王殿執事」就可以知道其中融合了《玉曆寶鈔》中的十王地獄的系統。而「報應」講究的善惡有報，更是佛道教之中十分講究的教義，摻雜進多元的宗教觀，也展現出寶卷作為民間文學，常會隨時因應外在因素而有了多變的相貌。

本文是以歷代的洛陽橋故事文本以及八本洛陽橋寶卷去進行文本的分析、比對、整理而得來的。因此，本論文藉此發現，無論洛陽橋寶卷如何跳脫以往洛陽橋故事，在卷本之中增添哪些新的元素，其種種的安排，包含劇情的改動、人物的形象塑造以及宗教思想的傳遞，都是為了要體現寶卷之中「宣教」與「勸善」兩大功能。

# 徵引文獻

**一、寶卷文本**（以主編姓氏筆畫排序）

1. 古吳軒主編：《中國常熟寶卷》，江蘇：常熟市文化廳電新聞出版社，2015年。

2. 車錫倫：《中國寶卷總目》，北京：北京燕山出版社，2000年。

3. 車錫倫主編：《中國民間寶卷文獻集成・江蘇無錫卷》，北京：商務印書館，2014年。

4. 周燮藩主編：《中國民間文獻集成・民間寶卷》第17冊，合肥：黃山書社，2005年。

5. 俞前主編：《中國・同里宣卷集》，江蘇：鳳凰出版社，2010年。

6. 張芳主編：《中國・沙上寶卷集》，上海：上海文化出版社，2011年。

7. 梁一波主編：《中國・河陽寶卷集》，上海：上海文化出版社，2007年。

8. 霍建瑜主編：《美國哈佛大學哈佛燕京圖書館藏寶卷彙刊》，桂林：廣西師範大學出版社，2013年。

**二、專書**（以作者姓氏筆畫排序）

1. 吳瑞卿：《傳惜華藏寶卷手抄本研究》，北京：學苑出版社，2018年7月。

2. 李永平：《禳災與記憶——寶卷的社會功能研究》，北京：中國社會科學出版社，2016年5月。

3. 楊蓮福總編：《臨水平妖誌》，新北：博陽文化出版社，2020年2月。

4. 劉浩然：《洛陽萬安橋誌》，香港：華星出版社，1993年2月。

5. 中國社會科學院文學研究所古本戲曲叢刊編輯委員員會：《古本戲曲叢刊》，上海：上海古籍出版社，1986 年。

6. 毛以升：《橋樑史話》，上海：科學技術出版社，1979 年。

7. 何喬遠：《閩書》，福建：人民出版社，1994 年 6 月。

8. 佚名：《明版嘉興大藏經》第十九冊，台北：新文豐出版公司，1987 年。

9. 吳新雷：《中國戲曲史論》，南京：江蘇教育出版社，1996 年。

10. 車錫倫：《中國文學的多層面探討國際學術會議論文集》，台北：國立台灣大學中文系，1996 年。

11. 車錫倫：《中國寶卷研究論集》，台北：學海出版社，1997 年 5 月。

12. 車錫倫：《信仰‧教化‧娛樂——中國寶卷研究及其他》，台北：台灣學生書局，2002 年。

13. 里人何求：《閩都別記》上下，福州：福建人民出版社，1987 年。

14. 淨空法師主編：《玉曆寶鈔》，台北：和裕出版社，2003 年，頁 45～98。

15. 馮佐哲、李富華：《中國民間宗教史》，台北：文津出版社，1994 年。

16. 黃文暘：《曲海總目提要》，天津：古籍書店，1992 年。

17. 趙翼：《簷曝雜記》，北京：中華書局，1997 年。

18. 劉光民：《古代說唱辨體析篇》，北京：首都師範大學出版社，1996 年 8 月。

19. 劉禎、水雲主編：《繼承與發展：慶祝車錫倫先生欣開九秩論文集》，杭州：浙江大學出版社，2017 年。

20. 鄭振鐸：《中國俗文學史》，長沙：商務印書館，1938 年。

21. 蕭登福：《漢魏六朝佛道兩教之天堂地獄說》，台北：學生書局，1988 年。

## 三、學位論文（以作者姓氏筆畫排序）

1. 方鄒怡：《明清寶卷中的觀音故事研究》，花蓮：國立花蓮師範學院民間文學研究所，2002 年。

2. 王正婷：《變文與寶卷關係之研究》，嘉義：國立中正大學中國文學研究所碩士論文，1998。

3. 王育仁：《十殿閻王之研究——以台南縣道壇彩繪為例》嘉義：南華大學生死學研究所，2007 年。

4. 吳佳坤：《蔡襄詩歌研究》，高雄：國立高雄師範大學回流中文碩士班碩

士論文，2018 年。

5. 吳欣蓓：《台灣民間故事報應觀研究》，高雄：國立中山大學中國文學所碩士論文，2012 年。

6. 李欣嚴：《海濱鄒魯的區域印記——北宋蔡襄詩歌研究》，桃園：國立中央大學中國文學研究所碩士論文，2010。

7. 林秀嬪：《姻緣故事寶卷研究》，台北：國立台灣大學中國語文學研究所碩士論文，2012 年 8 月。

8. 許紘榮：《從漢人的地獄報應觀探討宗教　無形產品轉變為有形商品的現象——以新竹都城隍廟為例》，新竹：玄奘大學宗教與文化學系碩士班碩士論文，2019 年。

9. 陳昱全：《民間宗教信仰因果報應觀：作為一種台灣民眾日常生活的導引》，台北：世新大學社會心理研究所碩士論文，2011 年 8 月。

10. 曾友志：《寶卷故事研究》，台北：中國文化大學中國語文學研究所碩士論文，1999 年。

11. 黃建明：《民間宗教因果律的探討——以梵音堂因果實證善書為文本之研究》，花蓮：慈濟大學宗教與文化研究所碩士論文，2011 年 7 月。

12. 劉永紅：《西北寶卷研究》，中國：西北民族大學博士論文，2013 年。

13. 劉婉琪：《閩臺臨水夫人信仰研究》，南投：南華大學國際暨大陸事務學系亞太研究碩士班碩士論文，2010 年 5 月。

14. 薛逸睿：《《玉曆寶鈔》與佛教因果業報思想之研究》，新北：華梵大學東方人文思想研究所碩士論文，2018 年 1 月。

## 四、期刊論文（以作者姓氏筆畫排序）

1. 丘慧瑩：〈從天人感應到庶民教化——吳地流通的竇娥故事寶卷研究〉（彰化：《彰化師大國文學誌》第四十、四十一期，2020 年 12 月），頁 23～56。

2. 任江：〈江南地區明墓出土受生牒研究〉，《東南文化》，2019 年第 6 期，頁 74～80。

3. 宋坤：〈填還陰債與預寄珍財〉，《敦煌研究》，2017 年第 3 期，頁 121～131。

4. 李玉昆：〈泉州橋文化〉，《華橋大學學報》【哲學社會科學版】，1998 年，

頁 98～103。

5. 車錫倫：〈中國最早的寶卷〉，《中國文哲研究通訊》第六卷，2001 年第 3
   期，頁 45～52。

6. 周晶：〈繁華落盡古橋間——泉州洛陽橋探析〉，《藝苑雜誌》，2011 年 2
   月，頁 79～81。

7. 姜守誠：〈「寄庫」考源〉，《宗教學研究》，2019 年第 1 期，頁 247～256。

8. 姜守誠：〈佛道《受生金》的比較研究（上）〉，《老子學刊》第 9 輯，2017
   年第 1 期，頁 3～20。

9. 姜守誠：〈佛道《受生金》的比較研究（下）〉，《老子學刊》第 10 輯，2017
   年第 2 期，頁 33～60。

10. 姜守誠：〈明清社會的寄庫風俗〉，《東方論壇》，2016 年第 4 期，頁 33～
    36。

11. 范純武：〈明清以來洛陽橋傳說文本的演變——兼論其與東華地方民間信
    仰關係〉，《宗教哲學》三十六期，2006 年 6 月，頁 61～72。

12. 梁帥：〈李玉《洛陽橋》傳奇殘曲考〉，《南大戲劇論叢》第十一卷，2015
    年，頁 71～81。

13. 劉長東：〈論民間神靈信仰的傳播與接受——以掠剩神信仰為例〉，《四川
    大學學報》（哲學社會科學版），2007 年第 4 期，頁 74～83。

14. 鄭煥章：〈蔡襄不是洛陽橋的倡建者〉，《福建史志》，2015 年第 4 期，頁
    47～50。